골프 공과 선사

골프 공과 선사

도범스님 지음

조계종
출판사

들
어
가
며

    일상생활을 떠난 진리란 따로 있지 않으며, 진리는 모든 것과 관계되어 있고 영원하고 현실적입니다. 언제 어디서나 누구든지 참된 이치를 공감하고 삶의 의미와 가치를 추구하게 하는 참된 도리입니다.

    불교의 교리는 어떤 상에 의존하거나 집착에 매이지 않고 양극단을 벗어나 중도를 향하여 올바르게 보도록 합니다. 이 세상 존재하는 그 어떤 것도 고정불변하는 실체가 없으며, 인연에 의해 생겨났다가 인연이 다하면 소멸합니다. 스스로 존재하는 것이 없고 다른 것들과 연기해서 형성하므로, 관찰할 수 있는 사물의 모양과 상태가 비어 있음이 아니라 그 자성自性이 없음을 공空이라 합니다.

　지식은 머리를 써서 암기하고 기억하며 노력으로 쌓지만, 지혜는 지식을 바탕으로 체험해서 터득해가며 밝힙니다. 불교를 아무리 많이 안다고 해도 교리와 삶이 일치하지 않는다면 그는 머리로만 이해하고 있을 뿐, 아직 식견이 열리지 않았다고 할 수 있습니다. 보았다 해도 다 보지 못했고, 보지 못했다고 해서 없는 것은 아니며, 눈이 있어도 볼 수 없는 것이 많이 있고 귀가 있어도 듣지 못하는 소리가 수없이 있습니다.

　내 눈으로 똑똑히 봤고 내 귀로 분명히 들었다고 주장하지만, 주관적으로 보는 세계와 객관적으로 보는 세계가 다르며, 상식적으로 아는 것과 전문적으로 아는 분야가 다르고, 긍정적으로 보느냐 부정적으로 보느냐에 따라서 달라집니다. 선생님이 학생들에게 똑같이 가르쳐도 성적은 각각 다른 것처럼 말입니다.

"미국만 아는 사람은 미국을 모른다"라는 속담이 있습니다. 국내에서만 살다가 외국에 갈 기회가 생겨 가보면, 새롭게 접하는 문화와 환경이 지금까지 알고 있었던 자신의 정신세계와 비교가 되고 새롭게 보이며 사물을 분별하고 판단하는 시각이 달라집니다. 그런가 하면 타국에서 살다가 오랜만에 고국에 가보면, 기억 속에 있던 고향이 옛 모습 그대로 기다리지 않고 많이 변했음을 볼 수 있습니다. 하지만 그 변한 고향은 내 자신이 얼마나 더 변했는가를 거울처럼 되비쳐줍니다.

코이라는 잉어는 어항에서 키우면 10센티미터 가량 자라지만 연못에서 키우면 30센티미터까지 자라며, 깊은 강에 놓아주면 1미터까지 자란다고 합니다. 나 자신은 어느 물에서 살고 있나요? 스스로 가두지 말고 주도적으로 물살을 헤쳐가야 합니다.

이 지역 보스턴 사람들은 피부색과 상관없이 성직자와 골프 경기하는 걸 영광으로 생각합니다. 특히 명상하는 수행자와 골프 치는 것을 더 좋아합니다. 마음을 비우고 겸허해야 하며 정신을 집중해야 하는 운동인 골프를 불교와 관계가 깊은 운동이라고 생각합니다. 불교가 명상을 통해 뇌를 쉬게 하는 종교로도 알려져 참선, 정신집중, 힐링, 요가, 호흡법 등 운동 중에 불교와 관련해서 질문들을 많이 합니다.

아름다운 음악에도 쉼표가 있듯, 우리 삶에도 휴식이 필요하며 매일 쫓기는 일과 속에서도 정신적인 공간과 여유가 있어야겠습니다. 같은 공간에서 반복되는 일만 계속하다보면 일상에 갇혀 발전이 없습니다. 그럴 때는 잠시 쉬면서 또 다른 구상과 의욕을 일깨워 다시 도전하면 더 효과적입니다. 누구나 안전하고 편안하며 자유로운 영역, 즉 쉼터, 안식처, 회복의 장소가 있어야 하며, 적당한 운동은 약봉지 속에 없는 건강 예방약이요 치료약이며 회복 영양제입니다.

과학에는 객관적인 긍정이 필요하지만, 종교는 주관적인 체득을 중요시합니다. 그래서 수행자들은 어떤 사물의 근본을 통찰해서 꿰뚫어보는 안목을 열어갑니다. 미국에 사는 수행자들이 가끔 골프장에 가는 것은 누구를 이기기 위함도 아니요, 무엇을 얻어오고자 하는 것도 아니며, 그동안 갇혀 있던 생각들을 버리고 오기 위함입니다. "손가락으로 달을 가리키며 달을 보라고 하니, 손가락만 보고 달이라고 한다면 어찌 달만 잃은 것이리오, 손가락까지 잃은 것이리라." 했습니다.

2002년 10월 9일 미국 동부승가회 친선골프대회를 개최할 때, 불교와 골프 간에 어떤 관계가 있는지 이해하도록 팸플릿을 만들었습니다. 지난해 종교 세미나에 참석차 해인사 향적스님께서 보스턴에 잠시 다녀가셨는데, 그때 그 팸플릿을 보여드렸더니, 이렇게 책으로 만들어주셨습니다. 참 감사한 인연입니다.

2018. 6 보스턴에서
도범 두 손 모음

차례

들어가며 · 4

1부
뜻한 대로 공이 가게 하는 마음이란

정신수행을 알면 골프가 즐거워진다 · 16

드라이버 헤드의 속은 왜 비어 있을까 · 20

18홀, 홀컵의 지름 108밀리미터 그리고 72타 · 23

수행과 골프, 자기 자신과의 오롯한 싸움 · 26

명상이 따를 수밖에 없는 이유 · 29

정신이 한곳에 다다르면 · 32

평상심에 이르는 법 · 35

자기 자신 다스리기 · 38

볼의 움직임은 곧 행위의 응답 · 42

스스로를 돌아보는 것이 먼저 · 45

연구보다 연습! · 49

하나 속에는 모든 것이 있다 · 53

뜻한 대로 공이 가게 하는 마음이란 • 56
제행무상, 제법무아 • 59
환경에 적응하는 지혜 • 62
나 자신을 다루는 사람 • 65
다음 홀로 떠나기 전, 모든 걸 내려놓고 • 69
불퇴전의 경지에 다다르려면 • 72

2부 수행과 골프의 동행

골프와 불교에서의 숫자 4 • 78
GOLF: Green, Oxygen, Light and Friend • 82
골프를 잘 아십니까 • 86
골프와 기 • 92
골프의 대중화를 바라며 • 96
육상원융 • 100
선승의 교훈과 골프의 정신수련 • 104
심판이 없는 운동 • 108
마음이 주인이라 모든 것을 시키나니 • 112
"스님도 골프를 치나요?" • 116

3부 나이 든다는 것은

말 한마디의 힘 • 122

없을 무의 짜임새와 장작불 • 126

보이지 않는 것을 보려면 • 130

긴장과 대립이 주는 생존력 • 134

마른 나무토막도 선택되면 목탁이 되듯 • 138

새는 왜 유리창에 부딪힌 걸까? • 142

아직 봄은, 나뭇가지에 걸려 몸짓만 • 146

변화와 연속 • 150

경험이 천재보다 낫다 • 153

넘치지도 모자라지도 않게 • 157

수만 년 된 바람이 그물에 걸리지 않듯 • 161

자신만의 쉼터 • 165

노년의 삶과 골프 • 169

맑은 마음에 자기를 비추기를 • 173

어디로, 왜 가는지 모르겠다면 • 177
스트레스를 이기는 선하고 아름다운 마음 • 181
녹슬어 소멸하기보다 닳아 없어지기를 • 185
마음 열기, 모든 움직임의 시작 • 189
노승과 하루살이 • 194
삶을 바꾸어준 시 • 198
100도까지 끓어야 물은 기체가 된다 • 200
마음의 때는 무엇으로 씻나 • 204
초겨울 내의 한 벌이 한겨울 보약 한 재보다 더 낫다 • 207
플로리다로 떠난 여행 • 211
호숫가에서 • 215
봄을 맞아들이는 풍경 • 221

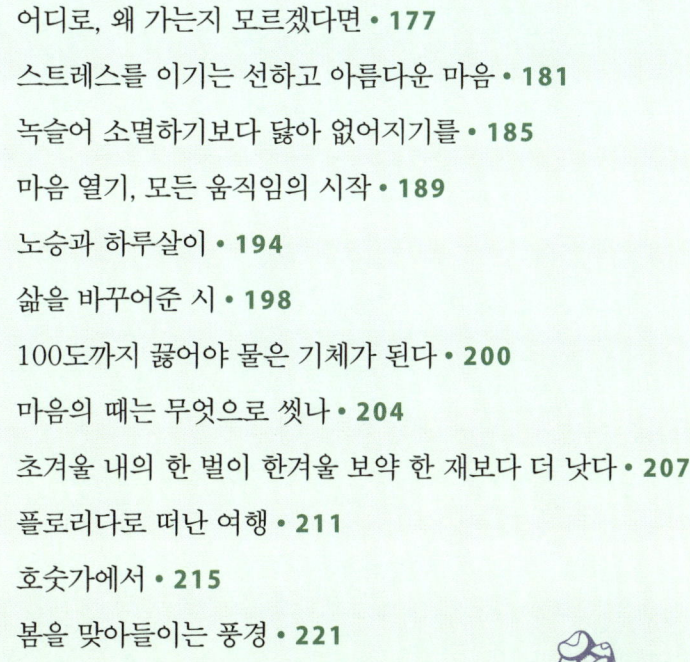

Ball

1부

뜻한 대로 공이 가게 하는 마음이란

空

정신수행을 알면
골프가 즐거워진다

건강을 위해 음식을 먹지만 아무리 영양가 높은 음식이라 해도 맛이 없으면 먹지 않듯이, 건강을 위해 운동도 하지만 재미가 없으면 하다가 중단하게 됩니다. 나이가 들수록 운동의 필요성을 느끼고 건강관리를 위해 운동을 해야겠다고 하면서도 차일피일 미루기만 하고, 결국 병든 후에야 후회하게 되는 예가 많습니다.

어떤 사람은 돈을 벌기 위해 일만 하다가 건강을 잃고, 병을 고치기 위해 그동안 번 돈을 치료비로 다 쓰고도 병과 생활고로 가족까지 고생시키는 사람도 있습니다. 누구나 건강하고 편안하며 행복하게 살려고 노력하지만 살다보면 예기치 않은 일이 자주 일어납니다. 원하지 않는 아픔이나 슬픔 같은 괴로운 일들이 생기고, 모든 것이 생기면 존속하다가 사라지며 공空으로 돌아갑니다. 불교에서는 다만 시간 차이가 있을 뿐, 새것이 헌것 되고, 헌것이 파괴되어 마침내 소멸한다는 제행무상諸行無常의 진리를 설하고 있습니다.

하지만 몸과 마음도 관리를 잘하면 상처가 적고, 보기도 좋으며 더 오래가므로, 자기 안에 있는 의사醫師를 존중하라는 가르침이 있습니다. 히포크라테스도 "누구나 자기 안에 의사가 있다"고 했습니다. 환자인 자신이 의지력을 잃어버리면 어떤 의사도 고치지 못합니다. 자기 몸 안에 있는 의사가 스스로 몸을 유지하고 원기도 회복하며 치료하지만, 고치지 못하고 악화되어간다면 약사나 의사에게 치료를 받습니다.

일과 운동은 다르며 운동 중에서도 공으로 하는 운동이 더 재미있고 공으로 하는 운동 중에서도 골프가 제일 재미있다고들 합니다. 특히 골프는 남과 싸우는 운동이라기보다는 자신과의 싸움이요, 명상하면서 하는 운동이라서 불교와 관계가 깊습니다. 불교에서는 원인 없는 결과는 없다고 하며, 골프를 치면 인과가 즉시 나타나서 더욱 각성하게 됩니다.

대부분의 운동에서 육체의 연마와 정신력 증대가 똑같이 중요하지만, 골프는 육체보다 정신력을 더 앞세우는 운동입니다. 모든 스포츠가 타고난 체질에 소질이 있으면 땀 흘려 연습한

만큼 그 성과가 나타나는데, 골프는 육체보다 정신력을 더 강조하는 운동입니다. 골프도 다른 운동같이 많은 연습량이 요구되지만 아무리 연습을 많이 해도 그날 필드에서 정신을 집중하지 않으면 실망스러운 게임을 하고 맙니다.

어느 땐 피나는 연습으로 좋은 결과가 따를 때도 있지만 때로는 정신이 산만하여 실력을 제대로 발휘 못하고 아쉽게 끝나는 날도 있습니다.

골프를 치러 갈 때는 의기양양하게 고개를 들고 가지만 돌아올 때는 의기소침하여 고개를 숙이고 오는 날이 더 많습니다. 정신수련을 통해 지혜롭게 살아가고자 하는 수행자가 아니라 해도 골프가 얼마나 정신수행을 해야 하는 운동인지 골퍼는 잘 압니다. 모든 현상은 마음에서 비롯되며, 마음은 모든 것을 만들어내는 근원이요, 마치 소나 말의 발자국을 따르는 수레바퀴와 같다고 했습니다.

누구나 분별력과 자제력, 조심성이 있으면 실수를 덜하며 어떤 장애물도 넘어가고 피해갑니다. 자만, 태만에 빠지지 않고 근면 성실하면 자신감이 충만하고 사려 깊게 됩니다. 마음수련을 한 사람이면 칭찬이나 비난에 흔들리지 않습니다. 현명한 사람은 마음이 대상에 따라 일어나는 줄 잘 알기에 몸과 마음과 행동을 다스릴 줄 압니다.

골프를 치다보면 골프가 수행과 관계가 깊음을 스스로 터득하게 됩니다. 그것은 곧 지혜로운 길을 찾아가는 즐거운 탐험이 될 것입니다.

드라이버 헤드의 속은 왜 비어 있을까

골프 공Ball과 불교의 공空은 많은 의미를 함께하고 있으며, 한문 空을 '빌 공'이라고 합니다. 불교에서 공空은 아무것도 없다는 의미가 아닌 아공我空, 법공法空, 구공俱空으로 나누어 설명합니다. 예를 들어 드라이버 헤드 속이 비어 있다는 것이지 드라이버가 없다는 의미가 아닙니다.

    공은 앉으나 서나 키가 같고, 앞이나 뒤나 똑같으며, 어루만져주거나 얻어맞아도 그 모양 그대로입니다. 때에 따라서 머물러 있기도 하고 때론 멀리 튕겨나가기도 하지만 언제나 둥글게 응해줍니다. 골프 공이 변화가 없으면서도 변화가 있듯이, 정신도 공空하여 형상이 없지만 끝없이 생각을 일으킵니다.

대승불교의 공 사상에서 영zero, 0의 개념이 나왔다고 합니다. 공은 비어 있으면서도 비어 있지 않습니다. 1 옆에 0이 있으면 10이 되고, 10 옆에 0이 가면 100이 되며, 0이 1과 1 사이에 들어가면 101이 되고, 0이 앞에 가면 0.1이 됩니다. 0이 홀로 있을 때는 0이지만, 어떤 숫자와 만나느냐에 따라 숫자가 되고 그 역할이 달라집니다.

연기론은 모든 형상이나 존재하는 것들이 인연으로 말미암아 생멸함을 통찰하게 합니다. 생각으로 생각을 여의고 형상에서 형상을 여의어 생각과 형상을 자제하게 굴려 씀에 있다고 했습니다. 개념의 굴레에 갇히면 장애가 되고, 이해를 통해 무념에 돌아가면 불법의 지식과 경륜이 생깁니다.

『초발심자경문初發心自警文』에 "많은 사람이 공문空門에서 도를 이루었거늘 그대는 어찌 괴로움의 세계에서 헤매고 있는가?"라는 구절이 있습니다. 공문은 불문佛門이요, 불국토로 들어가는 첫 관문의 일주문인데 언제나 자유로이 드나들 수 있게 대문이 없습니다. 문이 없으므로 일주문은 대도무문大道無門이요, 그래서 공문입니다.

하지만 일주문을 통과하여 불국토로 오르고자 하면 세속의 잡된 생각을 비우고 공문으로 들어가야 합니다. 골프도 먼저 골프에 입문해야 골프 채를 휘두를 수 있으며, 연습장과 골프장을 자유롭게 왔다 갔다 해야 공문이 열립니다. 잡다한 생각을 비우고 걸림 없이 홀가분하게 출입이 자유로워야 즐거움과 건강을 함께 얻습니다.

　일상생활 속 우리의 마음은 산란하며 자기 안에서 다툼이 일어납니다. 다툼이 일어나면 정신을 집중하지 못하고 '이렇게 할까 저렇게 할까?' 망설이게 됩니다. 망설이면서 여러 생각을 애써 지우려고 하면 오히려 그 생각들에 휘말리고 머리가 더 복잡해집니다.

　우리의 마음은 보이거나 들리거나 혹은 냄새든 맛이든 촉감이든 의식이든 매 순간 무엇인가를 인식하고 있습니다. 인식을 더 밝고 순수한 알아차림으로 향하게 하기 위해선 의도적으로 정신을 집중해야 합니다. 마음을 고요히 하면 점차 맑아지고 집중력이 응집되어 판단력이 빨라지고 마음이 투명해집니다.

　자신도 모르게 무심해지면 곧 마음이 비워진 상태요, 그때야말로 골프의 자연스러운 스윙이 나올 수밖에 없습니다. 무심하다는 것은 어느 정도 마음이 비었다는 것이요, 공교롭게도 드라이버 헤드는 속이 비어 있습니다.

18홀, 홀컵의 지름 108밀리미터 그리고 72타

골프 공은 모나지 않고 둥글며, 둥근 공은 한곳에 치우치지 않고 집착하지 않으므로, 걸림 없이 사는 도인의 삶을 종종 공에 비유하곤 합니다. 홀컵의 둥근 원은 깨달음의 원각圓覺을 의미하고, 홀컵의 지름은 108밀리미터입니다.

불교에서 마음을 비우라고 하듯이 골프에서도 마음을 비우라고 하며, 공Ball이 홀 108번뇌에 들어가면 108번뇌가 공空이 되는 이치입니다. 왜 골프는 18홀이며 홀컵 지름은 108밀리미터일까요?

육근(六根, 眼耳鼻舌身意)이 육진(六塵, 色聲香味觸法)의 경境을 대상으로 할 때, 각각 호好, 악惡, 평平의 세 가지로 나뉩니다. 즉, 눈[眼]은 대상을 볼 때, 좋다, 나쁘다, 좋은 것도 아니고 나쁜 것도 아니며 그저 그렇다 등을 느끼고, 귀[耳]도 듣기 좋다, 듣기 싫다, 그저 그렇다, 코[鼻]도 냄새가 좋다, 나쁘다, 그저 그렇다, 입[舌]도 맛있다, 맛없다, 그저 그렇다 등 삼수三受를 느낍니다.

이와 같이 눈, 귀, 코, 입, 몸, 의식의 육근이 각각 빛, 소리, 향기, 맛, 촉감, 본성의 육진을 만날 때 삼수가 나타나므로, 6근에 3수를 곱하면 18이 되며 골프 홀이 18홀입니다. 그날 경기도 오늘 잘 맞았다, 잘 안 맞았다, 평균이다, 날씨가 좋았다, 나쁜 날씨였다, 좋지도 나쁘지도 않았다, 골프장이 좋았다, 나빴다, 그저 보통이었다 등 세 가지 느낌을 일으켜 육근의 경계가 되기 때문에 3×6=18이 됩니다.

각각 염染과 정淨이 있으므로 18에 2를 곱하면 36이 되고, 이것에 과거, 현재, 미래 3세가 있으므로 36에 3을 곱하여 108이 됩니다. 또 다르게 해석하면 육근에 고苦, 락樂, 사捨의 삼수를 곱하면 18이 됩니다. 거기에 탐진과 무탐無貪이 있어 18에 2를 곱하면 36이 되며, 어제, 오늘, 내일의 연속적 윤회의 3을 승乘하면 108이 됩니다.

그럼 왜 72타일까요? 골프 규칙상 동반 경기자 네 사람이 한 조가 되어 홀마다 네 가지로 구분된 코스를 플레이합니다. 골프장마다 지형에 따라 약간씩 홀의 길이가 다르며, 대부분

파par 4이지만 파 5도 있고, 파 3도 있습니다. 전체 홀에서 파 5가 4홀 있으면, 파 3이 4홀이 있으므로 평균 파 4이며, 그래서 4파×18(홀)이면 72타가 됩니다.

음력에서 1년의 기후를 72로 나누었고, 닷새를 일후一候라 했으며 72는 '칠십이후七十二候'를 의미해서 시골장이 5일마다 돌아가며 섭니다. 골프에서도 날씨와 계절이 중요한 변수이기 때문에 '칠십이후'를 적용했다고 볼 수 있습니다. 24절기는 양력이요 72절기는 음력이기 때문에 72타는 동양에서 나온 숫자인데, 왜 양력을 사용하는 스코틀랜드에서 음력을 용용했는지 생각해보게 합니다.

매 홀 한 번씩 실수하면 18타가 되고 72타에 18타를 가산하면 90타가 됩니다. 90은 구십춘광九十春光을 의미하며, 마음은 형상이 없으므로 늙고 젊음이 없습니다. 골프에서 90타를 치면 노인도 청년 같은 정신건강을 유지하고 있다는 비유입니다.

홀마다 두 개씩 실수를 하면 36타가 되고 이에 72타에 가산하면 108타가 되며 108타가 넘으면 아직도 골프 번뇌에서 헤매고 있음을 의미합니다. 핸디가 108번뇌의 경계에서 안으로 들어오면 그때부터 연습이나 라운딩에 재미를 느끼게 되며 타수도 줄어들면서 건강도 좋아지기 시작합니다.

수행과 골프,
자기 자신과의 오롯한 싸움

골프 코스는 멀리서 보면 아름답고 가슴이 확 트이는 푸른 동산으로 보이지만, 막상 그 안에 들어가보면 경사도 많고 울창한 숲과 억센 잡풀들이 무성합니다. 크고 작은 모래밭이 있으며, 험난한 계곡과 호수나 강 또는 바다를 끼고 도는 곳도 있습니다. 난이도 차이, 잔디 종류의 차이, 지형의 차이 등이 많습니다. 18홀을 플레이하다 보면 다양한 자연과 기상조건 그리고 성격이 각각 다른 동반자를 만나게 됩니다.

어느 날은 구름 한 점 없는 청잣빛 하늘에 산들바람까지 불어주어 날씨를 즐기며 동반자와 좋은 대화를 나누기도 합니다. 반대로 천둥 번개를 동반한 소나기나 거센 비바람을 만나기도 하고 땡볕이나 무더위 또는 까다로운 동반자 때문에 지치기도 합니다. 오르막과 내리막이 있고, 해저드와 벙커 그리고 깊은 러프에 빠지면 헤어나오기도 어렵습니다. 때로는 숲이나 늪으로 공이 들어가거나 물에 빠지거나 울타리를 넘어가 OBout of bounds가 나기도 합니다.

날씨를 비롯하여 그날 코스의 형태와 홀의 경사 및 깃대의 위치를 비롯하여 잔디의 상태 등 여러 가지 상황을 골퍼가 직접 경영해야 합니다. 골프가 아닌 다른 운동은 상대의 동태를 살펴야 하고 작전 변화로 자신도 대응책을 세워 응수해야 합니다. 하지만 골프는 상대가 어떻게 플레이를 하든 상관하지 않고 오직 자신의 실수를 줄이는 것이 중요한 운동입니다.

골프에서의 적敵은 동행자보다 코스이며 코스를 잘 공략하려면 자신과의 싸움에서 이겨야 합니다. 골프를 치면서 실수를 할 때마다 핑계를 대면 그 핑계가 한둘이 아니라 수십 가지요, 수백 가지라고 합니다. 오히려 핑계에 자기 최면이 걸려 실수를 반복하게 되고 동행자는 물론 온갖 대상을 적으로 만드는 예도 많습니다. 문제점이 어디에 있는지 먼저 자신을 살펴보면 실수에 대한 대답이 나옵니다. 욕심을 부렸거나, 자만에 빠졌거나, 얕잡아봤거나, 긴장했거나, 불안했거나 아니면 강박관념 등 자신의 정신력에 의해서 문제가 생긴 것입니다. 친선경기를 하면서도 막상 경기를 시작하면 상대를 모두 적으로 보고 이기려는 마음으로 무모하게 힘들여 스윙합니다.

정신을 집중하려고 해도 곧잘 산만해지는데, 경쟁자를 이기겠다는 생각에 몸에 힘이 들어가면 자신의 페이스를 지키기 어렵습니다. 오히려 상대가 뭘 잘하고 뭘 잘못하는지 지켜보며 상대를 통해 배우고 자기의 결점을 고쳐가면 실력도 좋아지고 골프도 즐길 수 있습니다. 골프를 즐기기 좋은 점수를 얻고자 한다면 밖에 보이는 적을 지워야 합니다. 즉, 자신을 제외한 다른 대상을 없애야 합니다. 적을 죽이라는 뜻이 아니고 내 마음속에 있는 적을 지우고 그러고서 자신의 분별 망상까지 비우라는 것입니다. 비우고 나면 상대가 선각자요, 코치며, 좋은 동행자로서 자신과 비교해볼 수 있는 거울이 됩니다.

『증일아함경增一阿含經』에 보면 "천 명, 만 명의 적을 이겨도 자기 자신을 이기는 것만 못하다"라는 말씀이 있습니다. 자신감은 좋지만 자만하면 자멸하기 쉬우므로 골프에서도 수행이 절대적으로 필요합니다. 또한 『법구경法句經』에는 이런 말씀이 있습니다.

"이기면 남에게 원한을 사고, 지면 스스로 비굴해지나니, 이기고 진다는 마음을 버려라. 다툼이 없으면 스스로 편안하리."

명상이 따를 수밖에 없는 이유

골프 치는 시간은 어떤 사람과 한 조가 되어 같이 치느냐에 따라서 약간 차이가 있지만 평균 네 시간이 걸립니다. 개인의 스윙 속도는 별 차이 없이 한 타에 평균 3초가량 걸리며 핸디 80타를 기준으로 하면 240초이며 그래서 약 4분 정도가 듭니다. 공을 치기 직전에 한두 번 연습 스윙까지 합하면 15초에서 30초 정도 걸리며 30초를 80타에 곱하면 전체 2,400초, 즉 40분이 걸리고 그 외엔 여백입니다.

　네 명이 한 조가 되어 경기해도 각자 친 공을 쫓아가므로 항상 서로 떨어져 걷게 되는 운동입니다. 다만 매 홀 시작하는 티박스와 마무리하는 퍼팅 그린에서 모일 뿐이지, 대부분의 시간을 혼자 해야 하는 경기입니다. 결국 4분에서 40분을 치기 위해 네 사람의 네 시간이 소요되며, 그 외에는 공백이므로 골프가 명상과 함께하는 운동이라고 한 이유입니다.

게으르고 속임수를 쓰며 핑계를 대고 같은 실수를 반복하는 사람은 안타까워 보입니다. 그가 골프를 치면서 이겨야 할 상대는 다른 사람이 아닌 바로 자신임을 스스로 터득해갑니다.

자신의 점수를 타인에게 속이기 위해서 속이는 것이 아니라 잘못 계산해서 점수를 줄여서 말하거나 기록할 때가 있습니다. 예를 들어 트리플 보기를 했는데 헤매다보니 까먹고 더블 보기를 했다고 착각합니다. 트리플 보기를 하고선 더블 보기를 했다고 생각하는 것은 자기 합리화에서 오는 계산법인 것 같습니다. 잘하지 못하고 있다는 생각보다 잘하고 있다는 생각이 앞서고 있어서 그런 계산법이 나오며 그래서 나의 적은 바로 나의 에고Ego입니다.

누구나 허욕을 버리기 위해 마음을 비웠다고 하면서 무언가에 연연해하거나 집착하고 있습니다. 설령 비웠다 해도 그 공간이 비어 있지 않고 다른 생각으로 차 있으며 공을 치는 그 순간도 딴생각을 하다가 실수를 합니다.

불교에서는 탐貪, 진嗔, 치癡를 삼독三毒이라 합니다. 모든 괴로움이 삼독에서 비롯된다고 했습니다. 골프에서도 탐욕, 성냄, 어리석음이 미스 샷Miss Shot의 원인이며, 미스 샷이 골퍼를

고달프게 합니다. 이처럼 마음 비우기가 쉽지 않은 것은, 외부적인 조건에 의해 내부에서 반사적으로 심리적 변화가 일어나기 때문입니다.

마음을 안정되게 유지하려면 평소 심신의 수련이 필요하며, 이는 비단 골프뿐만이 아니라 어떤 일이든지 다 관련된 말입니다. 신체단련도 중요하지만, 정신집중과 지구력 그리고 자제력 등에 좌우되는 운동이 골프입니다. 마음을 비우고 골프를 즐기다보면 주변의 풀과 나무를 비롯하여 철 따라 피는 꽃도 보이고, 새소리며 바람의 감촉도 느껴집니다. 『채근담菜根譚』에는 다음과 같은 말이 있습니다.

망처불란성忙處不亂性
수한처심신양득청須閑處心神兩得淸
사시부동심死時不動心
수생시사물간득파須生時事物看得破

바쁠 때 성정을 어지럽히지 않으려면
모름지기 한가한 때에 심신을 맑게 길러야 하며
죽을 때 마음이 흔들리지 않으려면
살아 있을 때 사물을 꿰뚫어볼 줄 알아야 한다.

정신이 한곳에 다다르면

골프 연습장에 불교 학문을 연구하는 스님들(학승)과 참선 수행하는 스님들(선승)을 모시고 가보면 학승보다 선승이 처음부터 공을 더 잘 맞힙니다. 학문하는 스님들은 기초이론부터 알고 싶어 하고 연습을 체계적으로 하고자 합니다. 하지만 참선하는 스님들은 어떻게 치느냐고 묻지도 않고 잠시 연습하는 골퍼들을 지켜보고 나서 곧바로 공만 집중하고 때립니다.

산중에서 장작을 빠갤 때 찍는 곳만 찍으면 빠개지듯이, 선승들은 많은 이론을 중요시하지 않습니다. 장작을 빠개는 사람을 옆에서 지켜보고 있다가 직접 본 대로 빠개보면 처음 몇 번은 실수하지만 별다른 이론 없이 곧잘 빠갭니다. 장작을 도끼로 위에서 찍으나 공을 골프 채로 옆으로 때리거나, 정신을 집중하고 공을 맞히면 공은 맞는 방향 대로 나갑니다.

샷과 샷 사이에 시간적으로나 공간적으로 틈만 생기면 망상이 끼어들며, 그 헛된 생각이 실수를 저지르게 합니다. 같이 치는 사람과 매 순간 가까워졌다 멀어졌다 하는가 하면, 샷과 샷 사이에 순간마다 틈이 생기고 변화가 생깁니다. 지난 홀의 실수로 아쉬움과 실망감 아니면 그 반대로 잘 맞은 샷을 다시 날리기 위해서 기억을 상기시킵니다. 이러한 온갖 잡념들이 여름 하늘의 구름같이 뭉게구름과 먹구름이 되어 머릿속에서 끊임없이 오락가락합니다. 우리의 심상心狀을 구름에 비유하자면, 가는 곳을 모르면서 가고 이내 바람의 방향으로 가거나 흩어지며 온갖 형상으로 변화합니다. 대부분 지나간 날의 회한과 아직 오지 않은 미래에 대한 근심 걱정으로 부질없는 망상을 피우곤 합니다. 불교에서 이런 번뇌 망상을 화두에 대한 의구심으로 대처하는 것이 간화선의 기초 입문입니다.

어떤 상황에서든 계속해서 화두를 참구하는 스님들같이, 골프도 정신집중이 필요한 운동입니다. 똑같이 골프를 친다 해도 불교를 아는 사람은 운동과 수행이 둘이 아니라는 자세로 임합니다. 물론 티칭 프로에게 기초부터 잘 배우고 계속해서 교정받으며 열심히 연습과 라운딩을 하면 인과응보의 법칙에 따라 좋은 결과가 나옵니다. 골프도 기본을 갖추고 연습을 거듭하면서 스스로 안정과 여유 및 리듬을 지키며 정신을 집중해야 좋은 점수를 얻을 수 있는 운동입니다.

골프도 수행처럼 성급하거나 경솔하지 않고 침착해야지, 화나는 대로 또는 기분 내키는 대로 하다가는 후회하기 마련입니다. 그래서 참선이나 기도를 통해 집중훈련을 많이 한 수행자가 더 잘할 수 있습니다. 모두가 골프를 정신력 게임이라고 하는 것은 육체적인 훈련만으로 되는 운동이 아니기 때문입니다.

같이 라운딩하는 친구가 장난삼아 하는 말에 신경이 쓰이거나 거슬릴 때가 있습니다. 그 말뜻을 잘 소화하면 약이 되어 정신을 더 집중할 수 있지만 고깝게 받아들이면 병이 되어 골프를 망치게 되기도 합니다. 한결같은 마음으로 자신을 계발해가면 몰랐던 골프의 이론도 스스로 터득할 수 있습니다.

날마다 날씨가 좋고, 항상 골프장이 잘 가꾸어져 있으며, 매너 있게 경기를 하는 친구만 만날 수 있는 건 아닙니다. 필드도 오르막이 있는가 하면 내리막도 있고, 돌아가는 코스도 있으며 물가로 돌거나 러프와 해저드가 유별나게 까다로운 곳도 있습니다. 심리 게임을 할 줄 모르면 곳곳이 악조건이요, 마음 따라 몸 가고 몸 가는 데 그림자 따르듯 공이 따릅니다. 정신일도 사불성精神一到 何事不成. 정신이 한곳에 이르면 무슨 일이든지 다 이룰 수 있습니다.

평상심에 이르는 법

조사선祖師禪에서는 '평상심시도平常心是道', 즉 평상의 마음이 곧 도라고 했습니다. 『마조어록馬祖語錄』에서도 평상심이 곧 도라고 했습니다. 무엇을 평상심이라고 합니까?

　　평상심시도 하위평상심 무조작 무시비 무취사 무단상 무범무성平常心是道 何爲平常心 無造作 無是非 無取捨 無斷常 無凡無聖

즉, 조작이 없고, 시비가 없고, 취사가 없고, 단견과 상견이 없고 범부도 없고, 성인도 없습니다. 여기에서 선사들이 밝힌 본래의 청정한 평상심은 알 수 없더라도, 다만 골프에서 평상심은 보통의 마음, 평범한 마음, 담담한 마음입니다. 이 마음은 누구나 갖추고 있는 자성청정심을 의미하며, 예사의 마음, 소박한 마음, 꾸밈이 없는 마음을 뜻합니다. 그런가 하면 일상생활 자체가 공부의 책장이 되기도 하고, 또한 평상심을 깨달았어도 일상생활을 떠나지 않음을 의미합니다.

한쪽으로 기울어진 배가 뒤집히듯이, 마음도 한쪽으로 치우치면 이성을 잃기 쉽습니다. 비열한 행동이나 불쾌한 상황을 당했을 때도 그렇고 너무 기쁘거나 괴로울 때도 감정을 이기지 못하면 평상심을 잃기 쉽습니다. 골프에서도 그날 공이 잘 맞아 기분이 들떠도 얼마 못 가서 나쁜 결과가 나오고 안 맞아도 기분이 상해 더 나쁜 결과가 나오기 십상입니다. 종종 일어나는 실수가 반복되어 부정적인 생각을 벗어나지 못하면 더 문제가 생기고 자신감을 잃게 됩니다. 그러므로 긍정적인 암시를 통해 모든 생각을 집중하여 스윙하면 자연스럽게 스윙 궤도대로 몸이 돌아갑니다. 다른 골퍼가 잘 치거나 실수를 해도 동요하지 않고 평온한 마음을 유지하며 그 상황에만 몰두해야 합니다. 골프의 핵심인 기교와 집중의 조화, 즉 신체적인 동작과 정신적인 집중이 동시에 이루어질 때 공이 잘 맞게 됩니다.

불교에는 과거의 기억에 집착하지 않는 무억無憶과 미래의 일을 걱정하지 않는 무념無念 그리고 언제나 지혜롭게 살라는 막망莫妄의 삼구三句가 있습니다. 골프 또한 공을 앞에 두면 '슬라이스나 훅이 나오면 어쩌나' 하는 부정적인 생각이나 '잘 쳐야지' 하는 긴장감이 생겨 마음의 평온을 잃게 되기 쉽습니다. 양극단에 치우치지 않는 중도의 뜻과 같이 몸과 마음에 중심의 축을 유지해야 하며 리듬과 속도가 맞아야 합니다.

불교에서 중도는 철학적인 면에서나 실천적인 면에서나 상반된 차별을 버리고 원융무애圓融無礙한 원리입니다. 양변兩邊을 떠나되 가운데[中]에도 머물지 아니하며, 상대적인 상반이 아니라 모든 것이 융합된 실현입니다. 불성佛性은 있는 것도 아니며 없는 것도 아니며 있는 것과 없는 것이 원융무애하므로 중도라 합니다.

마음을 비우고 스윙을 하면 무의식에서 리듬과 속도가 연습으로 익힌 그 상태로 자연스럽게 이루어집니다. 잘 맞는다고 스윙 전에 과신하거나 은연중에 우쭐한 기를 다스리지 못하면 실수를 하게 됩니다. 아무리 논리적으로 이해한다고 해도 빠르거나 느리면 일관성이 없으므로 정석으로 익혀온 궤도에서 벗어납니다.

'프로는 무념무상無念無想에서 치고, 싱글은 일념일상一念一想에서 치며 초보자는 다념다상多念多想에서 친다'는 우스개가 있습니다.

자기 자신 다스리기

수행자들같이 안정과 여유 그리고 느긋함을 다스릴 줄 모르면 골프는 제대로 즐길 수 없습니다. 다른 사람을 이기려고 무리하게 연습을 하면 허리나 팔다리를 다치게 되며 어쩔 수 없이 통증 때문에 쉬거나 치료를 받게 됩니다. 무욕無慾의 상태에서 쉬엄쉬엄 연습을 하면 다른 사람과 상관없이 자연스럽게 실력이 향상되어갑니다.

『중아함中阿含』「사문이십억경沙門二十億經」에 다음과 같은 내용이 있습니다.

소나라는 비구가 스스로 생각하기를, '부처님의 제자 가운데 내가 제일 열심히 정법을 배우며 익히고 있음을 자부한다. 그런데도 번뇌에서 벗어나지 못하니 수행을 포기하고 환속하는 것이 좋겠다. 부모님이 큰 부자이니 널리 베풀며 복 짓는 일이나 할까?' 하였습니다.

이 소식을 들은 부처님께서 소나를 불러 "소나 사문이여, 그대는 출가하기 전에 거문고를 잘 탔다고 하던데 사실인가?" 하고 물으니 소나는 "예." 하고 대답하였습니다.

"거문고 줄을 너무 팽팽하게 당기거나 너무 느슨하게 풀면 좋은 소리가 나오는가?" 소나가 아니라고 대답하자 "그렇다면 너무 조이지도 않고 너무 느슨하지도 않으면 좋은 화음이 나오는가?"라고 부처님께서 다시 물으셨습니다. 그러자 소나가 "그렇습니다"라고 대답하였습니다.

"그렇다. 지나친 노력은 마음을 어지럽히고, 너무 게을리하면 마음이 게을러진다. 그러므로 그대는 정진해야 할 때인지 아닌지를 잘 분별하고 자신의 상태를 관찰하여 방일하지 않도록 하라."

소나는 이 가르침을 받고 조급한 마음을 다스리고 수행정진을 꾸준히 하여 '아라한'이 되었다고 합니다.

모든 사람이 자신만의 정신세계가 있고 신체구조가 다르며, 운동감각이나 생체리듬 및 나이가 다릅니다. 또한, 연습방법이나 연습량이 다르고 기후와 환경이 다른 조건에서 경기하므로 다른 사람과 같을 수 없습니다. 한 선수의 스윙 자세나 기본자세를 아무리 따라서 연습해도 닮기는 하지만 똑같을 수는 없습니다. 골프를 계속 즐기려면 그동안 익힌 자기만의 감각과 리듬 및 방식대로 임해야지, 남을 이기겠다고 과욕을 부리면 자기 페이스를 잃기 쉽습니다. 일정한 틀이 없는 물이 천 리를 가듯, 골프의 스윙도 유연하게 할수록 몸의 균형감각을 익힐 수 있습니다.

의식의 변화를 전향시키지 않고서는 자기의 무한한 인격을 향상시킬 수 없으므로 몸과 마음을 꾸준히 단련해가야 합니다. 무엇보다 자기가 하고 싶은 일들을 조건에 구애받지 않고 열심히 할 수 있다면 아주 바람직하며 그것이 곧 희망입니다.

자신이 좋아서 하는 일에 전심전력을 기울인다면, 그 일이 귀찮거나 싫증이 나지 않고, 자기 일에 그처럼 최선을 다할 때 어찌 숙달되지 않을 수 있으며 감이 오지 않겠습니까?

가장 어려운 싸움은 허욕이나 게으름과의 싸움이며 가장 가치 있는 일은 스스로 어제보다 오늘이 좀 더 나아지는 삶입니다. 자신을 위해 시간을 낼 줄 모르는 사람은 시간에 끌려가거나 뭔가에 쫓기며 불안하게 사는 사람입니다. 가끔씩 똑같은 생활 속에서 빠져나와 다른 환경에서 자신을 돌아보면 정신도 새로워지고 건강도 좋아집니다.

골프 핸디가 100이 넘으면 골프를 소홀히 했고 90안으로 치면 직장을 소홀히 했으며 80 안으로 치면 가정까지 소홀히 했고 70 안으로 치는 사람은 골프로 밥 먹고 사는 프로라고 농담을 합니다.

볼의 움직임은
곧 행위의 응답

승찬스님은 『신심명信心銘』에서 "호리유차 천지현격毫釐有差 天地懸隔", 즉 '처음 터럭만큼의 차이가 나중에는 하늘과 땅만큼의 차이로 벌어진다'고 하였습니다.

골프 공도 때리는 대로 뻗어나가기 때문에 출발이 빗나가면 그 각도만큼 공이 떨어지는 지점은 천지 차이가 납니다. 공의 움직임은 생각과 행위의 응답이며, 스윙은 자기 의도를 볼에 전달하고자 하는 힘과 각도입니다.

골프를 잘 치고 못 치고는 행위로 결정되지 유식이나 무식 또는 잘나고 못남으로 정해지지 않습니다. 골프는 유연한 리듬과 아름다운 스윙이 중요하며, 공이 잘 맞고 못 맞고는 스윙의

폼으로 결정됩니다.

어떤 선사에게 바람을 물으니 선사는 아무 말씀 없이 나뭇가지만 흔들어 보였습니다.

"수행자는 어떻게 행하여야 합니까?"

"움직이는 대로 그림자가 생긴다."

"어떻게 하면 그림자를 줄일 수 있습니까?"

"오동잎 떨어지니 산천이 가을이로세."

올바른 가르침을 받아야 참다운 수행자가 되듯, 아름다운 스윙도 기초교육을 정석으로 받아야 제대로 익힐 수 있습니다. 단순한 스윙은 쉽게 무너지지 않으며 무너져도 회복이 쉽지만 복잡한 스윙은 잘 무너지고 무너지면 회복이 어렵습니다. 매번 스윙 때마다 기억을 상기시키지 못하므로 복잡하면 쉽게 무너지고 무너지면 감을 되찾기 어렵습니다.

문학 장르에서도 소설이나 희곡은 외우기 어렵지만 시는 외우기 쉽습니다. 그와 같이 많은 이론이나 복잡한 스윙보다는 간결한 스윙이 쉽게 무너지지 않으며 곧바로 감도 되찾게 됩니다. 백스윙, 다운스윙, 마무리에 이르는 일련의 동작이 하나의 선으로 연결되어 있다는 것을 알게 될 때, 공은 더 잘 맞습니다.

공을 좋은 곳으로 보내기 위해선 스윙 자세와 리듬을 스스로 구상해서 쳐야 합니다. 행운의 샷이 나오기도 하지만 반복해서 똑같은 샷이 나오지는 않습니다.

골프 공을 타구하기 위해서 클럽을 올렸다가 내리는 궤도와 속도를 리듬과 속도라고 합니다. 그 속도가 백스윙에서 다운스윙으로 방향전환을 할 때 망설임이나 지체함이 없어야 적정 속도가 유지됩니다. 리듬과 속도가 직감적으로 일치할 때, 스윙 궤도에서 안정된 샷이 나옵니다.

경기에서 클럽으로 싸우면 지고 클럽을 다룰 줄 알면 이긴다고 합니다. 그래서 골프는 정신력 게임이요 자신의 마음과 싸워 이기는 게임입니다. 어떤 기본이나 원칙이 절대적으로 필요하지만 그렇다고 응용 없이 곧이곧대로 하면 틀에 갇히게 됩니다. 어느 공식의 틀에 갇히면 발전이 없으므로 그 공식의 틀에서 자신에게 맞는 창의적인 응용이 필요합니다. 자기가 처음 배운 대로 옛 폼을 계속 고집하는 것보다 스스로 터득해가며 쉽고 단순한 스윙으로 바꿔가야 합니다.

불교에서 깨달았어도 업은 그대로 남아 있으며 깨달은 후에 닦는 수행이 올바른 수행이란 말이 있습니다. 이처럼 골프 스윙은 머리로 이해했어도 근육이 그에 따라가려면 많은 연습이 필요합니다. 무릇 모든 운동이 생리학적인 신체구조를 단련해서 역학 원리에 따라 작용한다고 할 수 있습니다.

스스로를 돌아보는 것이 먼저

옛날 어떤 큰절에 큰스님을 모시는 상좌가 있었는데 틈만 나면 밖에 나가 놀다 오곤 했습니다. 밖에서 놀다 때가 되면 들어와서 "어떤 스님은 법당에서 3천 배를 했고, 어떤 스님은 경전반에서 1등을 했으며, 어떤 스님은 선원에서 용맹정진하고 있답니다." 하고 큰스님께 보고하였습니다. 그럴 때마다 큰스님께서 "참 좋은 소식이구나! 너도 남의 집 소만 세고 다닐 게 아니라, 네 소도 열심히 키우려무나." 하고 경책을 해주시곤 했습니다.

그래도 상좌는 그 법문을 이해 못 하고, 어느 날은 어떤 스님이 아침 예불시간에 빠졌으며 어떤 스님은 울력시간에 울력은 안 하고 뒷방에서 바둑을 두었다, 어떤 스님은 장난치다가

절 기물을 망가뜨렸으며 어떤 스님은 누구와 다투었다는 등, 일일이 보고 들은 대로 일러바쳤습니다.

하루는 큰스님께서 자기 맡은 바 임무나 경전 공부는 등한시하고 마냥 쏘다니며 남의 일에 참견이나 하고 염탐만 하러 다니는 상좌에게 심부름을 시켰습니다. 뒷집에 있는 방들을 돌아보고 방마다 들어가서 무엇이 있는지 확인하고 오라는 것이었습니다. 그 집은 수리를 하기 위해 방 안에 있는 것들을 모두 치워 텅 비어 있었습니다.

상좌가 "스님, 다녀왔습니다"라고 말씀드리니 큰스님께서 "가까이 오너라." 하였습니다.

상좌가 가까이 가니 큰스님께서 "방 안에 무엇이 있더냐?" 하고 넌지시 물었습니다. 상좌가 "아무것도 없었습니다"라고 대답하니 곧바로 큰스님이 주장자로 상좌를 내리쳤습니다.

"스님, 왜 때리십니까?"

"이 녀석아, 내가 너에게 방에 들어가서 보라고 하지 않았느냐?"

"예? 분부대로 들어가서 봤습니다."

그러자 대답과 동시에 큰스님이 또 때렸습니다.

"아니, 큰스님께선 제 말을 못 믿고 왜 자꾸만 때리십니까?"

"네가 분명 들어가서 봤다고 했지?"

"예."

"그렇다면 그 방에 네가 있었지 않았느냐? 그런데 아무것도 없었다고?" 하시면서 자기 자신을 보지 못한 상좌를 경책하였습니다.

상좌 스님이 그 방 안에 들어가 있었으므로 방이 비어 있지 않았으며, 주관과 객관에 관해 보충설명을 해주었다는 이야기입니다. 처음에 때리신 것은 들어가서 보라고 했는데 방문만 열어봤다면 큰스님 말씀을 거역하였기 때문에 때린 것이요, 두 번째로 때린 것은 자기가 그 방 안에 들어가 있었는데도 자기 자신을 보지 못하고 방 안에 아무것도 없다고 했기 때문에 내리쳤다고 했습니다.

이 이야기에는 남을 부러워하거나 비방만 하지 말고 어떠한 상황에서도 먼저 자기를 보고 또한 자기를 잃지 말아야 한다는 교훈이 있습니다. 골프에서 남의 스윙이 좋다고 곧바로 따라하거나 남의 반칙을 보고 열 받으면 그때부터 무너지기 시작합니다. 상대를 거울삼아 자신을 비춰보고 재조명하면 안목이 열리게 됩니다.

옛 선인들이 말씀하기를, "도가 사람을 멀리하는 것이 아니라 사람이 스스로 멀리한다." 하였습니다.

골프 구력이 많은 골퍼일수록 친한 동반자에게 '어드바이스advice' 하지 말라고 '어드바이스'해준답니다. 동반자가 받아주지 않는 어드바이스는 자존심을 상하게 하고 불쾌감을 주므로 오히려 서로 불편해진다는 충고입니다.
　『논어論語』에서 자유子游는 말했습니다.
　"임금을 섬기는 데 자주 간하면 도리어 욕이 되고 벗에게 자주 충고하면 도리어 사이가 멀어진다."

연구보다 연습!

제나라 환공桓公이 다락 위에 앉아 글을 읽고 있는데 어떤 노인이 지나가다가 "무슨 책을 읽고 계시나이까?" 하고 물었습니다.

"성현의 글입니다."

"아뢰옵기 황송하지만, 성현의 껍데기만 얻고 계시는군요?"

"껍데기만 얻고 있다니요?"

"그렇습니다."

"어째서 그렇소?"

"신臣은 수레를 만드는 장인입니다. 신이 수레바퀴를 깎을 때 느리게 깎으면 바르질 못하고 급히 깎으면 맞질 않으니 알맞게 깎기란 쉽지 않습니다. 깎는 법을 배워 70여 년을 익혀서야 겨우 감이 잡히고 감이 잡혀야 겨우 손끝에 얻음[得]이 생겼습니다. 하지만 그 기술을 자식에게 마저 전수하지 못하는데 하물며 성인이 터득한 오묘한 경지를 어찌 글로써 얻을 수 있겠나이까?"

인생은 결코 문자나 언어를 통해 문제를 푸는 것이 아니라 가르침을 통해 삶을 체험해가며 한 가지씩 터득하는 것이라고 봅니다. 선배들이 경험한 지식을 문자나 언어로 배워야 하지만, 배웠다 해도 경험을 통해 자기 것으로 활용할 줄 모르면 껍데기만 얻는 것입니다.

이론을 한꺼번에 받아들이는 것이 아니라 실습을 통해 실수를 반복하며 한 가지씩 감을 얻게 됩니다. 골프도 기본자세를 배우고 나서 가르침을 받으며 꾸준히 연습하다 보면 점차 틀이 갖추어져 격식에 익숙해지기 마련입니다. 수없이 헛손질을 하다보면 차츰 스윙이 올바르게 되고, 그렇게 반복해서 자기 몸에 익혀야 이론만으론 누구에게 실력을 물려줄 수 없습니다.

『법구경』에서는 "아무리 많은 경전을 외워도 뜻을 알지 못하면 무엇이 유리하리. 단 한 구절의 법을 들어도 그 뜻을 알고 그대로 행하면 도를 얻으리라. 비록 일천 말을 외우더라도 그 글귀의 이치가 바르지 못하면 단 한마디의 말을 들어 마음을 쉬게 하는 것만 못하리라." 했습니다. 이치를 알고 몸과 마음이 조화를 이루어가면 자연스러운 스윙이 나오며 스윙이 자연스러워야 공이 정확하게 맞고 거리도 조절됩니다.

불교에 '만법귀일 일귀하처萬法歸一 一歸何處'란 말이 있습니다. '만 가지 법이 하나로 돌아가는데 그 하나는 어디로 돌아가느냐?' 하는 질문입니다. 모든 악기의 소리를 한 곡조로 모아서 곡을 이루어내는 오케스트라의 지휘자처럼 골프도 스윙할 때 머리끝부터 발끝까지 모든 신체의 움직임이 하나의 리듬으로 돌아가면 공이 맞습니다.

골프의 실력은 근육 속에 쌓일 때 실다운 지식이 되지, 머릿속에 있는 한 한낱 이론에 지나지 않습니다. 스윙은 자신의 의지를 공에 전달하는 수단에 불과하며, 의지대로 꼭 전달되는 것은 아닙니다. 집중 속에 있는 의식의 상태와 신체 각 부분의 동작이 일치할 때 골프 공도 잘 맞습니다.

야생동물을 괴롭히지 않으려면 자연 속에 풀어놓아야 하는 것처럼 처음에는 골퍼가 하고 싶은 대로 하도록 그냥 바라봅니다. 그렇다고 새로움에 대한 변화 없이 고정관념이나 틀에 갇힌 스윙으로 계속 연습하면 악습만 반복해서 익히게 됩니다. 기본자세도 배우고 가르침을 계속 받으며 꾸준히 연습해서 점차 틀을 갖추어야 격식에 익숙해집니다. 골프의 기본자세는 모든 골퍼와 똑같은 틀에 맞추는 것이 아닙니다. 모든 사람의 키와 몸무게, 힘이 같지 않고, 그것을 누구보다도 자신이 더 잘 알기에 기본에서 벗어나지 않으면서도 자기 체형으로 자유로워져야 합니다. 기초교육을 통해 자신을 성찰하는 계기를 만들고, 끈기 있게 되묻는 화두 참구처럼 연습을 통해 실력을 체득해가야 합니다.

하나 속에는 모든 것이 있다

개개인의 삶은 어떤 특정한 신의 뜻에 의해서가 아닌, 자기가 어떻게 살아가느냐에 의해 바뀌어갑니다. 원인 없는 결과란 없으며 골프에서도 스스로 익힌 습관에 의해 결과가 나타납니다.

　불교는 주관과 객관을 분별하지 않고 진리대로 사는 습관을 익히도록 가르칩니다. 골프도 많은 실수가 따르는 운동이므로 나쁜 버릇은 고쳐가며 좋은 습관을 익히기 위해 끊임없이 노력해야 합니다. 어떤 일이든지 쉽게 이루어지지 않으며, 하나의 열매도 새싹이 자라 줄기와 가지와 잎과 꽃을 피우고 열매를 맺습니다. 골프도 기초부터 다져가며 좋은 결과를 얻기 위해 평생토록 연구하고 연습해야 합니다.

골프 가방에 골프 채를 다 갖추고 있다 해도, 선택을 잘못해 거리가 넘거나 모자랄 때가 많고 수많은 날을 연습했어도 실수는 따르기 마련입니다. 잦은 실수는 우리를 그만큼 연습하게 만들고, 시간이 갈수록 경험과 노력이 헛되지 않음을 알게 합니다. 실수 없이 보내고 싶은 곳으로 공이 간다면 처음 몇 번은 재미가 있겠지만, 곧 싫증이 나서 새로운 운동을 찾게 될 것입니다.

실수는 우리를 새롭게 각성하게 하고 끊임없이 노력하게 하며 겸허와 도전을 가르칩니다. 노력한 만큼 성과가 나타나므로 그래서 골프가 재미있고 흥미롭습니다. 대부분 자기 실력에 알맞게 기대치를 설정해놓고 치므로 평소보다 실수를 더 해도 크게 실망하지 않습니다. 낙제 점수가 없으니 연습을 게을리했어도 겁먹을 일이 없고 오히려 겸손하게 연습하게 합니다. 바른 쪽으로 방향이 정해진 노력이 매우 중요하며 만약 잘못된 스윙을 깨닫지 못하고 계속하면 나쁜 버릇만 익히게 됩니다. 프로 선수도 실수를 합니다. 그래서 코치가 필요하듯, 수행을 잘하고 있는 수행자도 그래서 스승이 필요합니다.

세상에서 잘 맞지 않는 것이 네 가지 있는데, 복권과 사주와 일기예보 그리고 골프 공이라고 합니다. 특히나 골프는 잘 맞으면서도 안 맞는 운동이라서 땀 흘려 도전하게 하고 그 땀이 체력을 단련시켜줍니다. 자신의 노력으로 역량을 발휘할수록 더 연습하고 연구하게 하며 더 재밌어지는 운동입니다.

잘 못 쳤다고 화를 내거나, 잘 쳤다고 우쭐거리면 그다음 홀에서는 이상하게도 미스 샷이 나오기 쉽습니다. 모든 샷이 잘 맞아주다가 불현듯 미스 샷이 나와 자만과 방심을 꾸짖고 겸허를 가르쳐줍니다. 비록 첫 티샷이 마음먹은 대로 날아가지 않았다 하더라도 감정을 다스려 다음 샷을 잘 공략할 수만 있다면 좋은 결과가 나옵니다.

일중일체다중일一中一切多中一
일즉일체다즉일一卽一切多卽一
– 의상스님 『법성게法性偈』

하나 속에 모든 것이 있고, 많은 것 속에 하나가 있으니 하나가 곧 모든 것이고, 많은 그것이 곧 하나를 이룬다.

여기에서 조화와 균형의 소식이 있으며, 전체와 개체가 상관관계에 있음을 알 수 있습니다.

뜻한 대로
공이 가게 하는 마음이란

불교에서는 처음 입문한 불제자에게 초발심初發心이란 말을 씁니다. 즉, 처음으로 시작하는 사람의 마음을 의미합니다. 출가해서 절에 가면 수행자를 줄여서 행자라고 부르며, 행자들에게 먼저 『초발심자경문』과 궂은일부터 가르칩니다.

　밥하고 국 끓이며 반찬 만드는 부엌일은 물론이요, 채소밭도 가꾸고 땔나무도 해야 하며, 청소 등 허드렛일부터 가르칩니다. 아무리 정성을 들이고 열심히 해도 실수를 연발하므로 선배들에게 꾸중을 듣기 전에 자신에게 실망할 때가 한두 번이 아닙니다.

　골프 초보자의 공은 넓고 푸른 잔디 쪽으로 가지 않고 슬라이스에서 시작하여 훅이 나서 숲속으로 날아가고 물속에 빠지며 모래밭에도 들어가고 무성한 풀밭으로도 숨으며 험준한 곳으로도 굴러갑니다. 골프 초보자는 땅을 파는 등 실수도 연발합니다. 그래서 공이 어디로 갔는지 찾아야 하고 공을 다시 푸른 잔디 위로 쳐올려야 합니다. 이렇게 처음에는 어려운 곳에서 헤어 나오기 위한 시련의 시기가 있습니다.

성공만 있는 인생보다 좌절과 실패로 점철된 인생이 더 보람차고 생의 의욕을 불러일으키듯, 미스 샷도 다시 도전케 하는 묘미가 있으며 더욱더 열심히 연습하게 합니다. 연습과 실전을 통해 점차 숙달되어갈수록 마음도 변하고 스윙도 변하며 실수도 줄어듭니다.

우리의 마음과 몸은 하나도 아니요, 둘도 아니며, 하나일 때도 있지만 수없이 분리될 때도 있습니다. 손이면서도 주먹이 되고 손등과 손바닥이 구분되듯이, 용도에 따라 같기도 하고 달라지기도 합니다. 골프는 자기 마음을 제어할 줄 알아야 하는 심리 게임이며, 그래서 몸도 마음도 응용할 줄 알아야 합니다.

구세십세호상즉九世十世互相卽
잉불잡란격별성仍不雜亂隔別成
　- 의상스님 『법성게』

구세와 십세가 시간 속에서 얽힌 듯 설키었지만 각각이 뚜렷이 만 가지 상으로 분명하다네.

초발심은 내가 뭘 안다는 생각이 아니고 시작을 위해서 마음을 비운 상태입니다. 골프를 어설프게 알고 온갖 분별심으로 치면 공도 맞았다 안 맞았다 합니다. 누구나의 본마음에는 모든 가능성이 다 갖추어져 있지만 익숙하지 못하면 그에 부응하는 행위가 따라주지 않습니다. 그 마음 안에는 성공을 통해 얻은 긍정적인 마음도 있고 실수를 통해 경험한 부정적인 마음도 있습니다. 올바른 마음이 바른 자세를 유지하게 하고, 스윙하는 대로 공이 가게 합니다.

제행무상,
제법무아

제행무상과 제법무아諸法無我는 같은 원리이면서 서로 쌍을 이루며, 즉 제행무상하니까 제법무아이고, 제법무아이기 때문에 제행무상이라고 합니다.

  일체의 모든 것이 변화하기 때문에 어떤 것도 절대적인 것이 없으며, 또한 절대적인 것이 없어서 모든 것이 변화한다는 뜻입니다. 만물이 변화함으로 인해 존재하고, 존재하기 때문에 변화하며, 그리하여 고정불변한 것은 없다고 했습니다. 세월 속에서 내 몸과 마음이 계속 변화해왔고 변화되고 있으므로 내 존재에 대한 실체가 없다는 것입니다. 이것을 우리 삶으로 돌려 생각해보면 변화함으로써 삶 속에서 무한한 가능성을 실현

할 수 있습니다. 나의 의지도 절대적이지 않기 때문에 변화하고 변화하는 의지로 삶을 개선해나갈 수 있습니다.

골프도 사람마다 체격이나 체력이 다르고, 실력도 계속 변하기 때문에 똑같은 사람이 없습니다. 같은 사람이라고 해도 스윙할 때마다 다르며 아무리 연습을 많이 해도 똑같은 스윙은 할 수 없습니다. 골프 채 하나로 그 자리에서 아무리 똑같은 스윙을 해도 공이 비슷하게는 떨어져도 똑같은 곳에는 떨어지지 않습니다.

『반야심경般若心經』에는 '색즉시공色卽是空 공즉시색空卽是色'이란 염불이 있습니다. 색色, 물질이 곧 공空이라는 의미입니다. 공空은 아무것도 없고 텅 비어 있다는 뜻이 아니며 생명력이 있는 진공眞空입니다. 영원불변하는 실체가 없고 텅 비어 있지만, 인연에 의해 형성될 가능성의 공입니다.

존재 자체가 없다는 뜻이 아닙니다. 실체가 없으므로 물질은 계속해서 변화한다는 의미입니다. 공의 세계는 우리의 감각이 미치지 못하는 세계이며, 그 공의 세계는 색의 세계를 포함합니다. 그러므로 공의 세계와 색의 세계가 양분되지 않고 그대로 공이면서 그때그때 변화하는 인연에 따라 나타납니다.

현상계는 공의 세계에 극한으로서 잠시 나타났다가 사라지면서 생성합니다. 이목구비를 통해 꿈의 세계에서 듣고 보고 말하고 냄새 맡는 것이 아니듯이, 생명의 세계도 그러하다 했습니다. 꿈속에서는 안이비설신의를 통하지 않아도 색성향미촉법이 이루어집니다.

골프도 연습을 수천 번해서 비슷하게 칠 수는 있어도 똑같거나 완벽한 스윙은 재현할 수 없습니다. 제행무상이나 제법무아의 도리를 이해하면 실수를 해도 받아들이고 다시 시작하는 마음으로 도전을 합니다. 무상하다는 말은 순간마다 변하고 있다는 말이므로 지난 생각에 붙들리지 않으면 항상 새롭습니다.

한로축괴 사자교인 漢盧逐塊 獅子咬人
-『전등록傳燈錄』

사람이 흙덩이를 던지면 한나라 개는 흙덩이를 쫓아가고 사자는 흙덩이를 던진 사람을 문다.

어리석은 사람은 나타나는 현상만 좇고 현명한 사람은 문제의 근본을 헤아려 풀어갑니다. 문제의 진상을 직관하여 파악하지 못하고 눈에 보이는 허상만 좇는 아둔함을 지적한 비유입니다.

환경에 적응하는 지혜

영국이 인도를 점령하여 식민지로 통치하고 있을 때, 캘커타에 주둔하고 있는 정부요원과 군 지휘관들을 위해 영국 정부에서 골프장을 만들어주었다고 합니다. 완성된 골프장에서 처음 공을 치자 뜻밖에도 불청객이 끼어들어 예상하지 못한 문제가 생겼습니다.

숲에서 놀고 있던 원숭이들이 골프 치는 것을 흥미롭게 바라보다가 공이 필드에 떨어져 굴러가면 곧바로 쫓아가서 공을 집어 갔습니다. 처음에는 먹으려고 이빨로 깨물어보더니, 딱딱해서 깨물 수 없자 공을 아무 데나 던져버렸습니다. 그 공을 나무 밑에 떨어뜨리거나 숲속에 버리고 물속에다 빠뜨리는 장난까지 쳐 골칫거리였습니다. 아무리 고함을 치고 쫓아내도 날쌘 원숭이들이 재빨리 집어 가 제멋대로 던져버리는 데는 속수무책이었습니다. 공을 집어 와 다시 제자리에 놓고 치려면 경기는 지연되고 리듬도 깨져 골프를 규정대로 즐길 수가 없었습니다. 이리저리 궁리한 끝에 울타리를 하여 원숭이들의 침입을 막으려 했지만, 관심 많고 재주 많은 원숭이는 울타리를 마음대로 넘나들며 계속 공을 가지고 놀았습니다.

하는 수 없이 '원숭이가 공을 떨어뜨린 그 자리에서 공을 치기로 하자'는 새로운 룰이 정해졌습니다. 그런 경기를 하다보니 원숭이가 방해꾼이 되기도 했지만 또 한편으론 재미있는 일도 곧잘 일어났습니다. 잘못 친 공을 숲속에서 집어와 그린에 던져놓고 가는 덕을 보기도 하고 홀컵 가까이 간 공을 들고 도망가는 돌발사태가 생겨 낭패를 당하기도 했습니다.

우리의 삶도 장난기 많은 원숭이의 방해처럼 예측하지 못한 일로 실랑이를 벌이는 일도 있고, 때로는 행운을 가져다주기도 합니다. 언제 어디에서나 자연에 순응하고자 해도 그곳 실정을 몰라 불이익을 당할 때가 수시로 있습니다. 때로는 도움도 받고 방해를 받기도 하면서 우리의 삶도 원숭이가 사는 골프장 '규정'처럼 환경에 적응해가며 살아야 할 때가 있습니다.

골프장 잔디는 매일 깎으므로 날마다 새로 싹터 오르는 연약한 새싹들이 골퍼들에게 수없이 짓밟히고 있습니다. 밟히며 사는 골프장 잔디라서인지, 밟힐수록 짓뭉개지고 죽어가는 것이 아니라 밟히고 밟히지 않고는 상관없이 제멋대로 잘 자라고 있습니다. 뿌리부터 튼튼한 그 자체가 완전한 생명력이며, 밟는 무게가 사람보다 더 무거운 골프 차가 지나가도 잔디는 그 조직의 힘으로 이겨냅니다. 이튿날 아침 일찍 골프장에 나가보면 밟힌 잔디나 밟히지 않은 잔디나 똑같이 푸르게 자라고 있습니다. 매일 이른 아침 인부들은 여기저기에서 잔디 깎는 차로 부지런히 잔디를 깎고 있습니다. 잔디만 봐도 모든 자연이 환경에 순응해가면서 자기의 업대로 강하게 살아가는 것을 느낄 수 있습니다. 자연을 사랑하려는 것보다 사랑으로 살아가라는 듯 존재의 실상을 일깨워줍니다. 체계적이고 논리적인 이론보다 자신의 걸음걸이나 몸짓 하나까지도 삶이 오롯하여 안과 밖이 없는 경계가 미소로 응해집니다. 그 미소가 곧 살아가는 발자국이요 길이며, 그 길이 행복으로 가는 삶 그 자체입니다.

어두워지는 밤을 막을 수는 없지만 불빛 하나로 밝힐 수 있듯이, 어리석음에서 깨어나는 길은 환경에 적응하는 지혜입니다. 불교에서는 참선하는 스님을 운수납자雲水衲者라고 합니다. 구름 따라 물 따라 언제 어디든 수행처소로 받아들인다는 뜻입니다.

나 자신을 다루는 사람

'지욕지원知欲之圓하고 행욕방정行欲方正하라.' 다시 말해, 지식은 널리 원만하게 알되 행동은 방정하게 하라는 뜻입니다.

골프도 신체적인 조건이 좋은 사람일수록 유리하지만, 그렇다고 해서 골프 경기의 순위가 키 순서나 몸무게 순으로 정해지는 건 아닙니다. 남녀노소의 순위도 아니요 동서의 차이도 아니며 흑백이나 민족의 우선권도 없습니다.

골프에서는 육체적인 연습도 중요하지만 그보다 먼저 마음을 다스리는 수련이 더 필요합니다. 마차를 말 앞에 두지 말라는 말이 있듯이, 마땅히 말이 마차를 끌어야 마차가 말을 끌 수는 없는 이치입니다. 몸을 움직이게 하는 것은 마음이므로 마음에 평정을 잃으면 몸도 균형을 잃어 방향과 거리를 잃게 됩니다.

부처님의 말씀 중 다음과 같은 인연이야기가 있습니다.

한 젊은이가 재주 많은 자신을 믿고 인간 세상의 모든 기술을 다 배워 천하에서 제일가는 사람이 되겠다고 여러 스승을 찾아다니며 많은 것을 익혔습니다. 천문, 지리, 의학, 여섯 가지 기예(곤봉, 등패, 낭선, 장창, 당파, 쌍수도), 비단에 수놓기, 요리와 고기 썰기 등 웬만한 기술을 다 익혔다고 생각했습니다.

그는 재주가 뛰어나 어느 정도 배우면 스승을 능가했으며 자기와 견줄 자가 있으면 누구든 가리지 않고 무릎을 꿇게 하여 이름을 천하에 떨치고자 했습니다. 이웃나라로 건너가 한 고을의 시장에 들어서니 사람들이 뭔가를 사기 위해 줄을 서서 기다리고 있었습니다. 가까이 다가가서 보니 활을 만드는 사람이 있었는데, 소의 힘줄을 쪼개고 쇠뿔과 양의 뿔을 다듬으며 각궁角弓을 만드는 솜씨가 능수능란했습니다.

젊은이는 많은 것을 배웠지만 활 만드는 기술은 배우지 못했기에 그 사람과 기술을 겨룰 수 없어서 그 사람의 제자가 되었습니다. 젊은이는 그 나라에서는 더 배울 것도 없고 겨룰 사람이 없게 되자, 이웃나라로 가기 위해 강을 건너야 했습니다. 역시 배 부리는 법을 알지 못했기에 천한 기술이지만 몰라서는 안 되겠다고 생각해 뱃사공의 제자가 되어 열심히 배웠습니다.

그 시대는 인도 전체가 열여섯 나라로 갈라져 있었으며, 그렇게 해서 국경을 건너다니며 배울 수 있는 것은 다 배웠고 어떤 일이든 스승을 능가했습니다. 그는 자신의 기량을 마음껏 자랑했지만 겨룰 만한 사람이 아무도 없었으므로 더욱 교만해졌습니다.

당시 부처님께서는 기원정사에 머물고 계셨는데, 탁발을 하기 위해 제자들과 함께 발우를 들고 거리로 나서셨습니다. 수행승을 처음 본 그 젊은이의 눈에는 옷도 특이하고 일반 사람과 달라 보였습니다. 그중에서도 거룩해 보이는 분이 계셨습니다. 그 젊은이는 무척 궁금해서 가까이 다가가 어떤 사람들인지 물어보았습니다.

부처님께서는 "나는 나 자신을 다루는 사람이오"라고 답했습니다. 젊은이가 다시 물었습니다.

"아니, 나 자신을 다루다니요? 그게 무슨 뜻입니까?"

부처님께서 말씀하시되 "활 만드는 사람은 활을 만들고 뱃사공은 배를 다루지만 지혜로운 사람은 자신을 다루네. 바람이 아무리 거세게 불어도 흔들리지 않는 바위처럼 지혜로운 사람은 그 뜻이 굳어 비난과 칭찬에도 흔들리지 않네. 깊은 물은 맑고 고요해 물결이 흐려지지 않는 것처럼 지혜로운 사람은 진리를 듣고 그 마음 저절로 깨끗해지네."

젊은이는 그 말씀을 듣고 정신이 번쩍 들어 부처님께 공손히 절을 올리고서 자신을 다루는 법을 가르쳐달라고 청했습니다. 그러자 부처님께서 오계五戒와 십선행十善行, 사무량심四無量心 그리고 육바라밀六波羅密 등을 가르쳐주셨습니다. 그 젊은 이는 이 가르침을 듣고 부처님께 귀의했다는 인연 설화입니다.

다음 홀로 떠나기 전,
모든 걸 내려놓고

　한 노스님이 젊은 상좌와 함께 산중 절을 찾아가는 도중에 갑자기 소나기가 쏟아져 잠시 비를 피했다가 비가 그치자 다시 길을 떠났습니다. 한 시간쯤 가다보니 소나기로 인해 얕은 시냇물이 허리 가까이 불어났으며 물살도 세차게 흐르고 있었습니다. 상좌와 함께 겉바지를 벗어 걸망에 넣고 냇물을 건너려고 하는데, 마침 어떤 새색시가 울상이 되어 서성거리고 있었습니다.
　새색시가 옷을 벗고 건널 수도 없고, 그렇다고 옷을 입고 건너자니 비단옷이 흙탕물에 젖어 못쓰게 되니 난감한 상황이었습니다. 노스님은 그 새색시에게 다가가 등을 내밀었고, 새색시를 업고 강을 건네주었습니다. 이후 새색시는 마을을 향해 가고 두 스님은 가던 길을 계속 갔습니다. 그런데 젊은 상좌 스님은 화가 잔뜩 난 얼굴로 아무 말도 없이 묵묵히 가기만 했습니다. 마침 언덕 아래 옹달샘도 있고 큰 나무 그늘이 있어 노스님이 상좌에게 쉬어가자고 하며 말을 건넸습니다.

"너는 뭐가 못마땅해 그렇게 퉁퉁 부어 있느냐?"

"스님, 실망했습니다."

"무슨 일로?"

"스님, 파계하지 않으셨습니까?"

"무슨 파계?"

"새색시를 등에 업지 않으셨습니까?"

그러자 노스님이 박장대소를 하며 "네놈이 파계했구나." 했습니다. 그러자 상좌 스님이 말했습니다.

"아니 스님이 파계하시고서 저보고 파계했다고요?"

"그래 이 녀석아, 나는 내려놓고 왔다. 너는 아직도 업고 다니지 않느냐?"

골프도 어떤 외부의 경계에 덩달아 흔들리거나 휘둘리지 않고 또한 환상적인 드라이버 샷을 했거나 OB가 났거나 다 내려놓고 다음 홀로 가야 합니다.

『금강경金剛經』의 '응무소주이생기심應無所住而生其心'이란 문장은 '머무는 바 없이 마음을 내라'는 뜻입니다. 세상에 펼쳐져 있는 외적인 모든 대상이나 내적인 나의 존재 어디에도 내 것이라 집착할 만한 것이 없다고 했습니다. 색色이라는 현실세계와 공空이라는 세계가 둘이 아닌 하나가 되는 세계며 그러한 인식에서 청정한 실천행이 실현됩니다.

'거울이 만상을 비추되 담아두지 않듯이 마음도 거리낌 없는 마음으로 응하라.' 했습니다.

'어느 경계가 나타나면 그 경계에 끌려가지 말고 본래심으로 돌아와 그 상황에서 대처하라. 맑게 비운 상태에서 투명하게 비춰보면 인연 따라 감응하지 않음이 없다'고 했습니다.

누구나 지나간 실수를 아쉬워하고, 현재에 만족하지 못하며 미래를 염려합니다. 집착은 괴로움의 원인이 되고 반복은 집착의 업을 강화하여 미래에 더 큰 고통과 갈등, 다툼을 끌어들입니다. 구름이 하늘의 밝은 달을 가리듯 번뇌는 지혜를 가리므로 마음을 비우면 온 우주가 맑고 밝은 기운으로 가득해진다 했습니다.

무념을 근본으로 삼고, 무상으로 체를 삼으며 무주를 용으로 삼습니다. 무념은 모든 생각을 하지 않고 의식을 지우는 것이 아니라 경계에 의해 망념 따라 끌려가지 않음을 의미합니다. 무상은 상이 없다는 뜻으로 자기의 청정한 마음이 곧 무상이며, 무주는 일정한 대상에 집착하지 아니하고 자유로우며 걸림이 없는 작용을 한다는 뜻입니다.

불퇴전의 경지에 다다르려면

불퇴전不退轉은 본래 불교 용어로 "후퇴가 없는 경지에 이르다"는 의미입니다. '불퇴不退'라는 말은 산스크리트어 '아바이바르티카avaivartika'를 음역한 것으로 "이미 쌓은 공덕功德과 선善을 잃지 않는다."는 뜻이랍니다. 무슨 일이든 처음 시작하는 마음은 순수하고 신중하며 열정적이므로 많은 가능성이 담겨 있습니다. 그러나 얼마 못 가 장애가 생기고 난관에 부딪히게 되는 것은 사람들이 너무 많은 것을 바라고 성급하게 목적을 이루려다 생기는 실수 때문이지요. 실패 뒤에는 늘 시련이 따르게 마련이며, 이런 과정을 극복하기 위해서는 자신의 원력과 흔들림 없는 부단한 정진이 필요합니다.

좌절하지 않고 비장한 각오로 다시 도전하다 보면 퇴보할 때도 있고 답보할 때도 있지만 노력한 만큼 성과가 있음을 알게 됩니다. 뭔가를 하고자 하는 목표가 투철하면 관심이 생기고, 관심은 정신을 거듭 집중하게 만들어 마침내 감각이 갈등을 이기게 합니다. 마음속으로 어떻게 할 것인가를 생각하고 지향하면 실제 상황에서 쉽게 이루어지는 것이지요. 이미 뇌는 그 일을 위해 수련해 왔으므로 에너지가 충전되고 정신이 집중되면 몸도 따라가게 되어 있습니다.

골프는 정신 집중에 좌우되는 운동이므로 철저히 몸과 마음을 수련해야 하며 불퇴전의 경지에 오르는 확고한 도전정신을 우선으로 합니다. 운동을 하다 보면 흘린 땀의 대가를 얻게 마련이지만 골프를 하다 보면 연습량에 따라 향상되다가도 자칫 심리적으로 좌절감에 빠지기도 합니다. 지나치게 조심하고 주저하면 심리적 반응이 일어나 근육이 긴장되어 스윙이 망가지는 것이지요. 그럴 때는 이기고 지는 것보다 즐기는 골프로 생각을 바꾸면 마음이 곧 안정됩니다. 의식의 변화를 전향시키지 않고서는 자기의 무한한 능력을 향상시킬 수 없습니다. 언제나 할 수 있다는 긍지를 가지고 연습하다 보면 점차 좋은 결과를 얻게 되지요.

누구든 노력으로 위대해지는 것이지, 절로 좋아지거나 갑자기 이루어지는 사람은 없습니다. 나름대로 경험을 통해 꾸준히 쌓은 실력이 자물쇠를 여는 열쇠가 되는 것이지요. 불교에서는 그런 경지를 불퇴전이라고 합니다. 어떤 장애에도 한번 도달한 수행자의 지위에서 뒤로 물러서지 아니하는, 한 경지에 이른 상태를 의미합니다. 수행과 관련한 의지와 정진을 의미하며, 방일함이나 나태함 없이 난관을 극복하여 결연한 의지를 발휘하는 데 성취의 기반이 있다고 할 수 있습니다. 일정한 경지에 도달하여 다시는 그 아래 단계로 물러나지 않는 지위, 혹은 깨달아 얻은 법에서 물러나 잃어버리지 않는 지위 등을 말합니다. 무슨 일이든지 마찬가지겠지만 열정적인 노력으로 어느 궤도까지 올려놔야지 하다가 그만두고 다시 심심하면 해보지 하는 식으로는 발전이 없습니다.

인생은 실패의 연속이며 따라서 실패가 두려워 시작하지 않으면 아무것도 할 수 없듯이, 무슨 일이든 해보지 않고는 아무것도 얻을 수 없습니다. 누구나 연습을 시작할 때 즉각적인 결과를 기대하지 않으며 실제 변화가 일어나기까지 시간이 걸리는 것을 각오합니다.

골프는 학력보다 연습으로 쌓은 실력을 더 중요시하고 실력은 행운이 아니라 성실한 과정입니다. 타수는 항상 만족스럽지 못하므로 홀로 있는 시간을 허비하지 않고 바르게 해낼 때까지 계속 연습하게 합니다. 부족해야 채우기 위해 노력하고 노력하다 보면 좋아하게 되고 열심히 하다보면 실력이 향상됩니다.

골프도 연습장과 필드를 열심히 다녀 타수를 108타까지 줄이면 감이 오기 시작하며 그때부터는 연습도 열심히 하고 필드도 기회만 있으면 나가게 됩니다. 100타에서 90타로 줄이고자 해도 쉽지 않고, 90타에서 80타로 줄이기는 더 어려우며, 80타에서 70타로 줄이면 프로로 전향하고자 더 노력합니다. 하지만 대부분 싱글 수준에 들면 특별히 몸이 아프거나 바쁜 일 아니고는 골프를 즐기며 나이에 상관없이 골프로 건강을 지킵니다.

적어도 건강이나 골프 실력을 유지하려면 꾸준한 연습과 실전이 뒷받침되어야 합니다. 꾸준히 관심을 가지지 않으면 자신도 모르게 감이 사라져버립니다. 경쟁하다 보면 평정심을 잃기 쉬우므로 연습을 통해 실력을 쌓아야 하며, 어제보다 오늘 점수가 나아지면 경쟁자를 이기는 것보다 기분이 더 좋아집니다. 실력을 향상시키는 것은 경쟁심이 아니라 하고자 하는 노력이요, 성실함은 모든 것을 가능케 하고 최고가 되는 것보다 최선을 다할 때 발전합니다.

골프가 보기나 싱글 수준에 오르면 사정이 생겨 며칠 또는 몇 달 아니면 몇 년 동안 쉬었다가 다시 채를 잡아도 쉰 기간만큼 라운딩하면 자기 타수를 되찾게 됩니다. 그래서 골프가 한 경지에 오르도록 노력을 해야 하고, 한번 오르면 그 수준에서 크게 물러서지 않으므로 불교의 불퇴전과 맥락이 통한다고 하겠습니다.

2부

수행과 골프의 동행

골프와 불교에서의 숫자 4

골프 코스는 크게 네 가지로 나눕니다.

1. 티잉 그라운드 TEEING GROUND
2. 스루 더 그린 THROUGH THE GREEN
3. 해저드 HAZARDS
4. 퍼팅 그린 PUTTING GREEN

불교의 근본 교리도 크게 네 가지로 나뉘는데, 연기법緣起法, 일체법一切法, 삼법인三法印, 사성제四聖諦가 바로 그것입니다.

연기법은 온 우주가 서로 얽혀 있는 인연의 그물이며, 이를 우주적인 차원에서 확대해석한 것입니다.『화엄경華嚴經』은 총상總相, 별상別相, 사사무애事事無碍, 이사무애理事無碍 등의 개념을 도입하여 연기법을 총체적으로 설하고 있습니다.

일체법이란 모든 존재 현상을 말하며, '나'라는 존재의 연기성을 체달하지 못하고 계속해서 자기에게만 집착하는 데서 괴로움이 출발한다고 합니다. 그러므로 자신을 중심으로 한 세계가 절대적이 아니라 연기로 존재함을 보여주는 세계를 하나하나 분석한 논리라고 할 수 있습니다. 일상생활은 행복과 불행을 왔다 갔다 하므로 행복도, 불행도 영원하지 않습니다.

삼법인은 모든 것이 변화하므로 제행무상이라 하고, 생멸하는 것이 변變하고 있어서 주체主體가 없으므로 제법무아라고 합니다. 변해가다가 언젠가는 없어지기 때문에 불안을 가져오고 괴로움을 줌으로 일체개고一切皆苦라 했습니다. 그렇다고 비관적이며 부정적인 것도 아니며, 모든 사실을 터득한 지혜의 힘으로 삶을 개척하고 행복을 이루어가는 것이 삼법인입니다.

사성제에는 고苦, 집集, 멸滅, 도道가 있습니다. 고성제에서 어떻게 하면 괴로움에서 벗어날 수 있는가란 질문이 중요한 과제입니다. 첫 번째 고苦만 설명한다면, 인간뿐만이 아니라 모든 존재는 생로병사를 겪습니다. 이것을 4고라 합니다. 누구나 지위여하를 막론하고 시간의 차이만 있을 뿐, 늙고 병들어 죽게 됩니다. 그다음 괴로움은 애별리고愛別離苦, 원증회고怨憎會苦, 구불득고求不得苦, 오음성고五陰盛苦의 네 가지 괴로움입니다.

애별리고는 사랑하는 사람이나 정든 인연들과 이별하는 괴로움입니다. 어떤 관계든 생별生別 아니면 사별死別을 합니다. 원증회고는 싫어하는 대상이나 원수 같은 사람과 만나는 괴로움입니다. 구불득고는 누구나 원하는 대로 구할 수 없어서 생기는 괴로움입니다. 한두 가지 구해진 그 순간은 만족할지 모르지만, 욕심은 끝이 없고 다 채울 수가 없습니다. 그것이 명예든 권력이든 부귀공명이든 건강이든 어떤 것이든 내가 구하고자 하는 것을 다 구할 수가 없어 괴롭습니다. 오음성고의 오음五陰은 오온五蘊이라고도 하며, 오온은 색온色蘊, 수온受蘊, 상온想蘊, 행온行蘊, 식온識蘊의 총칭입니다.

인간은 육체와 정신이 결합하여 이루어졌으며, 육체는 물질이고, 그 육체를 관리 운영하는 것은 정신입니다. 그와 같이 분별하고 판단하는 정신세계가 있는데 이 몸과 정신이 잘못 만나서 괴로움을 겪게 되는 예가 많이 있습니다. 육체는 건강한데 정신이 잘못되어 정신박약자나 신경증 환자가 되기도 하며, 정신은 멀쩡한데 육체적으로 불구가 되어서 괴로움을 겪는 사람도 있습니다.

몸이 너무 허약하거나 너무 비대해서 오는 예도 있고, 너무 크거나 작은 데서 오는 예도 있고, 배가 고파서 괴롭고, 너무 춥거나 더워도 괴롭습니다. 존재하고 있으므로 정신적으로나 육체적으로 겪는 병은 이루 헤아릴 수 없을 만큼 많습니다.

이와 같이 생로병사의 4고와 애별리고, 원증회고, 구불득고, 오음성고의 4고가 있으며, 사대색신四大色身, 즉 지수화풍地水火風으로 이루어진 물질적 요소, 그러니까 육체를 비롯하여 사무량심四無量心 등 불교에는 4언구로 된 가르침이 수없이 많습니다.

가만 보면 골프도 숫자 4와 관계가 깊은 것 같습니다. 골프장도 사계섭지四界攝持를 잘 응용하여 설계하고, 사계절 관리도 그렇고, 운영 및 플레이의 룰도 그에 맞게 만들어졌습니다.

GOLF: Green, Oxygen, Light and Friend

누구나 별다른 일이 없을 때는 평상심으로 살아가지만 누가 자기를 속이거나 배신 또는 멸시를 할 때는 화를 냅니다. 화가 나기 전에는 화가 우리 가슴속에 숨어 있지만, 자존심이 상하거나 어떤 손해를 입으면 불쑥 튀어나옵니다. 우리는 화의 씨를 다스리지 않고 의식 깊은 곳에서 키워왔으며 그 화가 병을 유발합니다.

    자신의 화로 인해 자기뿐만 아니고 주위 사람들까지 불쾌감이나 두려움을 느낍니다. 상대의 행위를 이해하지 못할 때도 있고, 오해할 때도 있으며, 나와 맞지 않아 자신도 모르게 화를 냅니다. 화를 내면 상대에게 얼마만한 상처를 주고 자신도 그만큼 상처를 받는지 나중에는 알게 되고 후회를 합니다. 그러나 화를 내는 순간은 그걸 잊어버리기 때문에 화를 먼저 내고 후회는 나중에 하게 됩니다. 나중에 후회해도 직접적이든 간접적이든 상처는 쉽게 아물지 않으며, 화를 내면 낼수록 더욱더 이성을 잃게 됩니다.

골프를 치다보면 상대로 인해 화가 나는 것보다 자신의 실수로 화를 내는 경우가 더 많습니다. 반대로 공이 잘 맞았을 때는 기쁨에 들뜨거나 자만하고 방심하기 쉽습니다. 공이 잘 맞아도 기분이 좋아 행동이 가벼워지고 실수하여 빗나가도 평상심을 벗어나게 되는 경우가 많습니다.

골프장마다 지형의 차이, 난이도의 차이, 잔디 종류의 차이, 티 박스 위치 차이, 그날의 기상상태에 따라서 점수 차이가 나기 마련입니다. 골프는 그날 얼마나 멋진 공을 날렸느냐보다는 실수를 얼마나 줄였느냐에 의해 점수 차이가 납니다. 실수를 해서 자신도 모르게 순간적으로 화가 났다면 곧바로 화가 나있는 자신을 먼저 알아차려야 합니다. 감정은 겉에 있고 이성은 깊이 자리 잡고 있어서 감정이 먼저 감지하고 발끈합니다.

감정은 겉포장같이 이성을 감싸고 있으므로 감정을 풀어야 그다음에 이성이 나타납니다. 이성은 한발 늦게 알아차리기 때문에 화가 일어나는 순간을 포착하기는 쉽지 않습니다. 반복된 훈련을 통해 길들여야 하며 길들이면 감정과 이성이 상응하면서 치받고 올라오는 열이 점차 다스려집니다. 그래서 '화를 내지 마라. 화를 참아라.' 하는 가르침은 화를 가두어 병이 되게 하고 모아두었다 한꺼번에 터뜨리게 하는 방법일 뿐입니다.

화를 억지로 참기보다는 화를 내는 자신의 감정을 알아차리고 먼저 다스려야 합니다. 감정은 연극배우의 연기처럼 슬플 때는 순간 눈물이 나오고 기쁠 때는 얼굴에 꽃이 피며 화가 났을 때는 마귀 얼굴이 됩니다. 시기, 질투, 의심 등으로 감정이 무대로 뛰쳐나와 주연배우처럼 연기를 할 때 이성은 관중석에 앉아 관람하도록 해야 합니다.

감정은 객이요 이성은 주인이니, 이성 자신이 주인임을 망각하지 않도록 길들이는 수행이 필요합니다. 연극이 끝나면 감정의 배우들은 떠나고 관중석에 앉아 있던 이성은 자신의 집으로 다시 돌아옵니다.

골프도 잘 친 스윙으로 우쭐할 때도 있고 실수해서 의기소침할 때도 있습니다. 자만이나 아만 내지는 방심한 마음으로 실수가 따르고, 실수로 오는 부정적인 생각으로 평온한 마음을 잃게 됩니다. 행운의 샷이 나오기도 하지만 반복해서 같은 샷이 나오진 않으므로 한 타의 샷 속에 몸과 마음이 있고 환희와 좌절이 있습니다. 같이 플레이하는 동료도 있지만, 그보다 먼저 자신과 함께하는 경기이며 경기를 할 때 클럽으로 싸우면 지고, 클럽을 다룰 줄 알면 이깁니다.

화가 난다고 골프 채를 부러뜨리고 새로 사도 화나는 샷은 계속 나오며 골프는 자신과 싸움이므로 도를 닦는 수행이나 다름없습니다. 골프GOLF의 약자를 따 이렇게 설명하기도 합니다.

1. G-Green 푸른 잔디
2. O-Oxygen 맑은 공기
3. L-Light 밝은 햇빛
4. F-Friend 좋은 친구

골프는 푸른 잔디밭에서 맑은 공기를 마시며 밝은 햇빛 아래에서 좋은 친구와 즐기는 운동입니다.

골프를 잘 아십니까

11월부터 시작해서 5월 초순까지 밖에서 할 수 있는 운동이란 스키와 썰매밖에 없는, 겨울이 긴 보스턴입니다. 2000년대 초반 한국에서 도반 스님이 이곳 보스턴 문수사에 오셔서 3개월간 계시다 귀국한 일이 있습니다. 스님은 좌선이나 사경을 위주로 수행을 하시다보니 운동이 부족하여 소화기능이 약해지셨다고 했습니다.

어느 날 아침에 오늘은 운동하러 같이 가보지 않겠느냐고 제안을 하니 "눈 쌓인 이 겨울에 어디로 가서 무슨 운동을 합니까?" 하고 반문했습니다.

"골프 연습장에 가서 땀이 나도록 공을 치고 오면 운동도 되고 기분도 가벼워집니다."

"아니 나더러 골프를 하라고? 내가 골프 치는 사람을 얼마나 못마땅하게 보는데 골프 연습장에 가자고?"

"골프를 잘 아십니까?"

"내가 어떻게 알아요. 골프장 구경도 못 해봤는데."

"골프를 모르면서 왜 나쁘다고 생각하시는데요?"

"한국 매스컴에서 골프장 이야기만 나왔다 하면 얼마나 나쁘게 보도하는지 아십니까?"

"한국 떠나온 지 오래되어 잘 모르겠습니다만 오늘 저하고 같이 연습장에 가서 뭐가 나쁜지 확인한 후 조목조목 지적해 주십시오. 그러고 나서 골프 채를 다 꺾어버리고 다시는 골프를 치지 못하도록 호되게 혼을 내주시면 달게 받겠습니다."

"좋소. 가봅시다. 그렇지 않아도 골프 치는 스님이 무척 못마땅했는데 잘되었습니다."

그리하여 그 스님은 승복 그대로 입고, 나는 상의만 점퍼로 갈아입고 같이 갔습니다. 연습장이 허허벌판에 있으므로 지붕과, 바람을 막기 위해 뒷면에 판자벽이 있지만 공이 날아가는 앞면은 터져 있어 구경만 하기에는 무척 추운 곳이었습니다. 많은 사람이 공을 열심히 때리는데 그 스님 혼자서 구경만 하고 있자니 재미도 없고 춥기만 한지 잔뜩 움츠리고 왔다 갔다 계속 서성거렸습니다. 그래서 미안하기도 하고 직접 체험도 해보시라고 공과 7번 골프채를 주면서 그동안 여러 사람이 연습하는 것을 지켜보셨으니 한번 때려보라고 권했습니다. 호기심이 생겼는지 아니면 쉽게 보였는지 승복 입은 그대로 휘두르시는데, 처음부터 공이 잘 맞았습니다.

"야! 이렇게 처음부터 잘 맞추는 사람은 처음 봤습니다. 역시 참선하고 사경하는 스님이라 집중력이 남다르시구먼! 산중 절에서 장작을 많이 빠개보셨죠? 도끼로 나무토막을 위에서 내려찍으나 골프 채로 공을 옆으로 때리나, 가운데 한곳만 맞히는 그 원리는 별 차이가 없습니다."

"알았으니까 잔소리 그만하고 어서 가서 스님 연습이나 열심히 해!" 하면서 아랑곳하지 않았습니다. 그렇게 땀이 나도록 서로 연습 공을 치고는 자동차를 몰고 절로 돌아오면서 서로 말을 꺼내지 않고 묵묵히 창밖 풍경만 보았습니다.

그 이튿날이었습니다. 별다른 일이 없을 땐 아침마다 9시에 골프 연습장에 가서 한 시간 운동하고 왔는데, 그날은 전화를 받다가 5분이 늦었습니다. 절 마당에서 2층을 향해 부르는 소리가 나기에 창문을 열어보니 그 스님이 "운동하러 안 가?" 하고 소리쳤습니다.

갑자기 장난기가 생겨 그 스님이 어제 나에게 말씀하신 그대로 "내가 골프 치는 사람을 얼마나 못마땅하게 여기는데 골프 연습장 가자고?"라고 했습니다.

스님은 허허, 웃으시며 "추워죽겠구먼! 뭘 그렇게 꾸물거려? 빨리 내려오셔." 했습니다.

그렇게 해서 같이 연습장에 갔고, 그로부터 그 스님은 하루도 빠지지 않고 연습을 했습니다. 그러던 어느 날 스님이 비자 기간이 보름 정도밖에 안 남았는데 귀국하기 전에 필드에 나가지 못한 것이 몹시 아쉽다고 하셨습니다.

"여보시오, 승려생활을 40년이나 하신 스님이 눈 쌓였다고 필드에 못 나가신다고?"

"골프장도 문 닫았고 눈이 이렇게 많이 쌓였는데 어떻게 골프를 칠 수 있습니까?"

"그야 큰스님께서 눈 녹으라 하고 골프장 열라 하시면 되지 않소?"

"나는 못 하니 주지스님이 신통을 한번 부려보쇼."

"그러죠!" 하고 이틀 후에 플로리다 주 마이애미 쪽에 있는 보현사로 모시고 갔습니다.

보스턴에서 비행기를 타고 남쪽으로 세 시간 남짓 내려가면 마이애미입니다. 그쪽은 겨울에도 해수욕을 하는 더운 곳이었습니다. 비행장에 내리자 보현사 주지스님이 마중을 나와 계셨습니다. 자동차로 달리다보니 야자수가 바람에 흔들거리고 꽃이 여기저기 피어 있는 모습이 딴 나라에 온 것 같았습니다.

"보십시오. 내가 눈 녹으라 했더니 눈이 녹았고 골프장을 열라 했더니 다 열어놓았지 않습니까?"

"허허, 내가 졌소. 어서 골프나 치게 해주시오."

그래서 그날 오후부터 신도님들의 도움으로 일주일을 즐기고 돌아왔습니다. 그 스님의 또 한 가지 특이한 재주는 골프 채 드라이브는 왼손잡이요. 아이언은 오른손잡이란 것입니다. 처음 시작은 오른손잡이인 내 골프 채로 시작을 했으며 두 달째쯤 지나자 자기는 왼손잡이라고 하며 왼손 채 드라이버를 사서 연습하셨습니다. 오른손 왼손을 자유자재로 휘두르는 스님이시라서 운동이 균형 있게 이루어지며 정신 집중도 잘하시고 연습도 열심히 하시니 초보자로서는 좋은 타수를 기록하고 귀국하셨습니다.

스님이 한국에 돌아가신 뒤 전화를 걸어 골프를 계속 치는지 물었더니, 한국 분위기나 여건이 맞지 않아 골프를 접었다면서 그 대신 등산으로 건강관리를 하신다고 했습니다. 또한 매스컴을 통해 골프장 농약 기사가 보도되어 불편한 마음도 갖고 계셨습니다.

미국도 잡초를 제거하기 위해 골프장에 농약을 자주 뿌리지만 지렁이도 죽지 않습니다. 지렁이들이 짝짓기 할 때는 밟지 않고 걸어가기가 불편할 정도로 많으며, 참새보다 약간 큰 딱샛과의 새는 봄에 그 지렁이를 잡아 물고 가 어린 새끼들을 키웁니다. 기러기는 수십 마리씩 떼를 지어 농약 뿌린 골프장의 풀을 뜯어 먹으며 농약 뿌린 물이 흘러내린 못에는 많은 물고기가 살고 있습니다.

어린아이일 때부터 80이 넘도록 골프를 치는 노인들에게 농약의 피해를 물으면, 잡초를 제거하는 농약이지 사람을 해롭게 하는 독약이 아니라고 말합니다. 미국은 골프장을 먼저 설계를 해놓고 그 골프장 주변에 집을 지어서 집 장사를 하는 곳이 많으며 사람이 많이 사는 도시는 거의 동네마다 골프장이 있습니다. 농약이 인체에 문제가 있다면 국가에서 골프장 허락을 해주지 않을 터인데 문제가 없으며 여전히 새 동네가 생기는 곳이면 골프장이 함께 조성됩니다.

골프와 기

몸과 마음이 하나의 조직체로 결합하여 생명의 신비를 이루어 내는 현상을 동양사상에서는 기氣로 보았고, 그 기가 살아 있음을 생명력의 근본으로 보았습니다. 만물이 서로를 알리려고 하는 정보와 서로를 당기려고 하는 힘은 물리적인 에너지로 측정되며 서로를 알리는 에너지는 기로써 감지된다고 했습니다.

물리학자에게 같은 회사의 같은 골프공을 두 개 주고 차이점을 설명하라고 하면, 먼저 그 공을 잘게 부수어서 성분을 조사할 것입니다. 그리고 어떤 물질이 몇 퍼센트씩 들어갔는지, 강도는 어느 정도인지 또 탄력은 어느 정도인지 등을 분석해서 밝혀낼 것입니다. 하지만 한번 부수어 분리하면, 그 성분으로 원래의 공을 그대로 만들 수는 없으며, 그것은 공이 가지고 있는 기를 원래대로 회복시킬 수 없기 때문입니다.

기는 물리적인 입자들의 결합상태와 혼합물질로서의 구성요소가 결합하는 상대를 인식하는 정보가 상생하여 나타난다고 합니다. 상대에 대한 인식 정보의 공유는 생명체이거나 비생명체이거나 관계없이 모든 것의 본질에 해당한다고 봅니다.

기의 근본은 에너지와 함께 물질을 구성하는 정보를 가지고 있으며, 그 정보는 자기의 정체를 주변에 전하고 또한 주위의 정보를 받아들입니다. 형체는 없으나 그렇게 느껴지는 어떤 힘이나 움직임이 서로의 정보를 공유하기도 하고 새로운 정보를 꾸준히 형성해간다고 했습니다.

동양에서는 생명력에 가치를 두어 기를 강하게 하면 건강해지고 바른 정신을 갖게 된다고 하여 그에 관한 수행을 하였습니다. 그래서 기의 정체에 대해서, 어떤 사람들은 전기와 같다고 하고 전자파 같은 것이라고도 하며, 열에너지와 비슷하다고도 했습니다. 하지만 기는 그중 어떤 것도 아닙니다. 그런 실제적인 에너지를 움직이는 정보인 기는 계측 가능한 형태로 나타나지 않습니다.

인체의 신경조직은 국가로 비유하면 통신망과 같으며, 기의 흐름은 무선통신 시설과 같이 중계국인 단말점이 있다고 합니다. 적당한 간격으로 곳곳에 세워진 무선 중계 시설물을 인체에 비유하면 바로 경혈經穴이라고 볼 수 있습니다.

　원활하지 못한 기의 흐름을 침으로 뚫을 수 있고 그것이 중계국에 걸린 과부하를 소통시키는 효과가 있다는 것은 모두가 아는 사실입니다. 수행을 통한 수련과 어떤 법열의 경지를 경험하지 못한 사람들은 과학적으로 증명해주기를 바랍니다. 누구나 수시로 기를 자기 안에서 영적인 훈련과 인격의 수련으로 단련하여 그 힘을 강화할 수도 있고 활용할 수도 있습니다.

　감정의 변화는 그대로 기에 반영되므로, 기분이 좋다, 기분이 나쁘다, 기가 살아 있다, 기가 꺾였다, 기가 차다, 기가 막힌다, 기가 죽었다 등, 기에 대한 느낌을 말합니다. 그런가 하면 기상대에서는 기온이 높다, 낮다, 낮과 밤의 기온 차이가 크다, 작다, 공기가 맑다, 탁하다 등 공기와 기후 변화에 관한 보도를 합니다.

　의학적으로는 기관지에 대한 병과 치료방법이 다양하며, 한의학에서는 기관지 치료를 하면서도 기의 흐름이 원활하지 못하면 그에 대해 치료를 합니다.

　자극이나 압력이 경혈의 막힘을 뚫어준다는 연구도 많이 진전되었으며, 특히 침술은 기의 흐름을 원활하게 하는 효과가 크다는 사실이 증명되었습니다. 서양의학에서는 침이나 지압이나 뜸 등 동양의학을 부정적으로 보는 시각도 있지만, 정신수련을 통해 기의 경지를 체험하지 못했기 때문이라고 합니다.

기의 상태는 건강과 관련되고, 그래서 선과 명상과 요가와 단전호흡 등 운기조식運氣調息의 실천적 방법이 발달하였습니다.

범부가 어리석음에서 벗어나지 못하는 이유는 세 가지 본능에 끌리기 때문입니다. 그 세 가지는 몸[身]과 마음[心]과 기이며, 이 세 가지를 잘 다스리면 어떤 힘이나 판단 및 움직임도 자연스럽게 조화가 이루어진다고 했습니다. 거룩한 선지식의 맑고 밝은 기는 온 법계에 충만하여 언제 어디서나 한량없는 생명에게 대자대비를 베풉니다.

골프의 대중화를 바라며

골프장은 대부분 산의 지형지물을 잘 살려서 설계했으며 자연과 운동을 좋아하는 사람들이나 산에 사는 스님들에게 좋은 운동입니다. 1960년대만 해도 스님들이 시계를 차고 다니면 비난하는 사람들이 있었으나 정작 철저한 시간 속에 사는 스님들에게 시계는 필수품이었습니다. 1970년대에는 스님들이 운동화를 신고 다니면 흉을 보는 사람들이 있었지만, 산에 사는 스님들에겐 고무신보다 운동화가 더 잘 맞는 신발입니다. 1980년대에는 절에 냉장고가 있다고 빈축을 샀지만 수백 명이 사는 큰 절에서는 냉장고는 물론이요 냉동고까지 필요합니다. 그후 1990년대에 미국으로 건너왔으니 스님들에 대한 일반 대중들의 인식이 얼마나 깨었는지 궁금합니다.

　미국에 이민 온 동포들도 대부분 급진적으로 발전한 한국 사회를 잘 알면서도 여전히 어떤 부분은 옛 의식 속에 고립되어 있는 분이 있습니다. 위성TV나 인터넷을 통해 매일 한국 뉴스를 생방송으로 직접 보고 듣고 있으면서도 어떤 부분에서는 한국에 대한 인식이 바뀌지 않는 분도 있습니다. 종교에 대한 의식도 30년 전에 이민 왔으면 30년 전에, 20년 전에 왔으면 20년 전 당시의 의식에 머물러 있는 분이 있습니다.

　어떤 분은 오랜만에 한국에 다녀와서, 고향이 고층 아파트로 바뀌고 첨단의 문화 혜택을 받으며 미국에 이민 온 사람보다 더 잘살고 있더라고 말합니다. 자신은 미국화되어 무척 많이 변했으면서도 자신의 향수를 위해 고향 사람들은 발전하거나 변하지 않고 옛 모습 그대로 있기를 바랐던 것 같습니다.

　골프가 한국에서도 많이 대중화되었다고 하는데, 미국에는 중심도시를 약간만 벗어나면 거의 모든 동네마다 골프장이 있습니다. 미국에서는 학교나 시립 운동장을 사용하려면 며칠 전에 학교나 시청에 허가를 받아야 합니다. 경쟁도 치열합니다. 게다가 단체운동은 자기 팀과 상대 팀이 구성되어야 할 수 있으므로 팀 구성도 쉽지 않습니다. 그런데 골프는 나이나 체격 및 체력에 상관없이 청소할 힘만 있으면 누구나 즐길 수 있는 운동입니다.

탁구나 농구나 배구 등 다른 구기 종목과 달리, 골프는 다른 상대 없이 혼자서 연습도 하고, 경기는 네 명이 하지만 골프장이 한가할 때는 혼자서도 필드에 나갑니다. 남녀노소 귀천 없이 누구와도 함께 치므로 미국에서는 대중운동이며, 대도시 중심가가 아니면 대부분 자동차로 움직여 20분 거리에 골프장이 있습니다. 우리 동네는 보스턴 중심가에서 자동차로 25분 거리의 북쪽에 있으며 집에서 자동차로 5분에서 15분 거리에 골프장이 아홉 개나 있습니다.

가끔 팀을 구성하여 18홀을 돌고 올 때도 있지만, 평일에는 아침 일찍 혼자서 9홀만 걸어서 돌고 집에 돌아오면 오전 9시 전입니다. 9홀을 도는 데 노인은 15달러만 내면 됩니다. 미국은 값비싼 골프장도 있지만 대부분 대중 골프장이며, 캐디가 없고 잔디밭 안에서 직접 골프 차를 몰고 다니거나 골프 가방을 메고 걷는 사람도 많습니다. 예약 없이 가도 10~20분쯤 기다리면 시작할 수 있으며, 혼자나 둘이 가도 다른 사람과 같이 치게 해주므로 자기 시간에 맞춰 골프를 칩니다.

골프를 좋아하다 보면 자연친화적이 되고 세상사도 둥글게 살아가야 한다는 이치를 터득하게 됩니다. 일체 차별법이 모두 한마음에서 비롯되므로 차별을 차별로 보면서 한마음으로 보는 바른 견해를 중도정견中道正見이라 했습니다. 자기에게 맞추려는 습관과 고정관념 또는 절차나 집착이 괴로움의 원인이며, 나의 아만이나 아집이 비워질 때 서로가 자유로워집니다.

육상원융

화엄학에서는 사사무애事事無碍를 십현연기十玄緣起와 육상원융六相圓融으로 나누어 이끌어 나아갑니다. 십현연기는 넓은 것과 좁은 것, 많은 것과 하나, 숨는 것과 나타나는 것 등이 분야별로 걸림 없음을 설명합니다. 육상원융은 전체와 개별, 같음과 다름, 이루어짐과 부서짐 등을 들어서 육상이 일체제법에 다 통하는 것이라고 논하고 있습니다.

육상六相이란, 총상總相, 별상別相, 동상同相, 이상異相, 성상成相, 괴상壞相입니다. 모든 사물에는 전체성과 개별성, 동일성과 차이성, 성취성과 파괴성이 있으며, 서로 다른 상을 방해하지 않으면서 전체와 부분, 부분과 부분이 한몸이 되어 원만하게 융화된다고 했습니다.

 총상을 기와집 한 채로 예를 들자면 주춧돌, 기둥, 대들보, 서까래, 기와 등 여러 가지 인연이 모여서 형성된 집을 의미하며, 보편성을 뜻합니다. 별상은 주춧돌, 기둥 등 그 자재가 총상에 의지하여 전체를 구성하는 조화를 이루면서도 건축 자재가 각각 지닌 특수성을 잃지 않는 것입니다. 동상은 주춧돌, 기둥 등 서로 다른 재질의 특수성을 합쳐 집을 조립하는 동일성을 의미합니다. 이상은 별상이 전체 속에서 조화를 이루고 있으면서도 나무는 나무대로 각각 상을 잃지 않으며 기둥은 세로로, 대들보는 가로로 다른 유형이 되고 있듯이 다양성을 의미합니다. 성상이란 그러한 자재들이 각각 구조적인 인연이 되어서 집을 완성하는 것처럼 통합성을 나타냅니다. 괴상은 그와 같은 자재들이 집을 구성하고 있으면서도 각기 돌이 나무가 되지 않고 나무의 재질은 그대로 가지고 있듯이 자기 모습으로 제 역할을 함을 뜻합니다.

 성成과 괴壞를 따로 설명하자면, 기둥을 만들기 위해선 나무를 베어야 하고 그리하여 기둥이 만들어지는 것은 곧 나무가 죽는 것입니다. 기둥을 중심으로 보면 성, 즉 만들어지는 것이고, 나무를 중심으로 보면 괴, 즉 파괴되는 것입니다. 이것이 관계되어 이루어지므로 성이 곧 괴이고 괴가 곧 성이므로 원융무애하며 자유자재합니다.

다시 골프장을 총상이라고 한다면, 티잉 그라운드, 스루 더 그린, 모래 해저드, 물, 숲, 퍼팅 그린은 별상입니다. 그 모두가 서로 다르면서도 조화를 이루어 골프장을 형성하고 있음이 동상이요, 잔디, 모래, 물, 숲 등 각각 다른 모습이 이상입니다. 각 부분이 서로 유기적인 관계성을 가지고 모여서 하나의 전체성을 이루니 성상이요, 괴상은 골프장 관리를 소홀히 하면 곧 잡초밭이 되는 것과 통합니다. 모든 존재는 다 총상 내지 괴상을 갖추고 있으며, 전체가 되고 싶으면서도 동시에 개별이 되고 싶은 본능이 있습니다. 육상을 다르게 표현하면 특수성, 보편성, 유사성, 다양성, 통합성, 차별성으로도 설명할 수 있습니다.

일체 차별법이 모두 한마음에서 비롯되므로, 차별을 차별로 보면서 한마음으로 보는 바른 견해로 지혜를 구현하며 무애자재한 경지에서 노닐게 함이 화엄교의 수행법입니다. 이상과 같이 화엄의 사사무애 무진법계事事無碍 無盡法界를 아는 수행자들은 건강을 위해 운동을 하면서도 본분사를 잃지 않으며 모든 것을 총체적으로 관하고 증득하고자 수행하니 원융합니다.

참선수행을 하는 스님들의 걸망에는 열네 가지 필수품이 들어 있고, 골프 가방에는 골프 클럽이 열네 개 들어 있습니다. 스님들은 개인 소유의 집도 절도 없으며 구름같이 바람같이 떠돌며 살기 때문에 이삿짐이 걸망 하나입니다.

걸망 속에 가사, 장삼, 요령, 목탁, 죽비, 바루, 두루마기, 저

고리, 바지, 위아래 속옷, 양말, 신발, 모자 등 열네 개가 필수품입니다. 각각 역할은 다르지만 수행승들에게는 모두 필수품이요, 수행을 돕는 최소한의 도구입니다.

골프 가방에 골프 클럽을 25~27개까지 가지고 다녔는데 캐디가 한 라운드를 돌고 나면 초주검이 될 정도로 지치기 때문에 열네 개로 제한했다는 설이 있습니다. 미국과 영국의 골프협의회에서 오랜 협상을 통해 1938년에 클럽을 열네 개로 제한했다고 합니다. 왜 열네 개인지에 대해 정확한 설명은 찾지 못했으나, 캐디의 체력도 다르고 아마추어는 직접 골프 가방을 메고 다니기 때문에 무게와 관계가 깊다고 합니다.

드라이브는 멀리 보내고, 우드는 그다음 거리를 보내며, 아이언은 짧은 거리에서 그린 위에 정확히 올려놓거나 러프 및 벙커에서 공을 꺼내는 용도입니다. 유틸리티는 우드의 변형이고, 하이브리드는 아이언의 변형이며, 피칭이나 웨지는 가까운 곳에 공을 높이 띄워 떨어뜨리기 위한 클럽입니다. 샌드웨지는 모래 벙커에, 퍼터는 그린 위에서 마지막으로 홀컵에 굴려 넣는 데 사용합니다.

골프 채마다 각각 기능이 다르지만, 골프 경기를 하는 데 다 똑같이 활용하며 열네 개의 클럽 전체가 다 필요합니다. 골프가 불교와 관계가 깊으므로 필수품의 숫자도 같다고 보며, 이는 우연의 일치만은 아니라고 생각합니다.

선승의 교훈과
골프의 정신수련

참선수행을 할 때 조신調身, 조식調息, 조심調心을 삼조三調라 하여, 이 세 가지를 잘 조절하라고 가르치고 있습니다. 조신은 몸가짐 곧 자세를 의미하고, 조식은 호흡법이며, 조심은 마음 다스리는 법으로, 이 세 가지를 조화롭게 갖추어 정진하게 합니다. 모든 망념을 놓아버리고 몸과 마음을 한결같이 하여 움직임과 고요함에 빈틈이 없게 하라 했습니다.

호흡은 단전호흡을 하는데, 단전은 신체의 중심으로 배꼽에서 약 3~4센티미터 정도 아래에 의식을 집중하는 호흡법입니다. 곧 인간의 정신과 육체의 균형이 이루어지는 중심점이 단전이요, 단전은 힘이 발현되는 발전소와 같은 곳이며, 혈액순

환을 활발하게 공급해주는 곳이라고 합니다. 마치 붉은빛을 발하는 밭과 같다고 해서 '단전丹田'이라 했다 하며, 단전호흡을 하면 심장의 화기가 내려가고, 신장의 수기水氣가 올라간다고 합니다.

근심·걱정을 하거나 초조하고 불안하면 열은 올라가고 냉은 내려가 머리가 아프며, 그때 단전호흡을 하면 신장의 물기운이 불기운을 꺼주어 몸과 마음이 편안해집니다.

생명이 있는 존재는 일평생 호흡과 함께하며, 호흡을 바르게 하면 육체와 정신의 건강을 함께 누리게 됩니다. 마음수행을 하는 수행자처럼 골퍼도 많은 생각을 정리하고 집중하여 게임에 임해야 하므로 규칙적으로 마음수련을 합니다.

우리의 몸과 마음을 자동차에 비유하면 몸은 자동차요 마음은 운전사와 같으며, 자동차는 운전사가 몰고 가는 대로 굴러갑니다. 수행하는 데 마음을 가다듬어 번뇌를 끊고 진리를 깊이 생각하는 것을 선禪이라 하며, 처음에는 고요한 마음, 안정된 마음, 집중하는 명상을 합니다.

불교가 신을 믿는 다른 종교와 구분되는 것은, 인과의 법칙과 윤회를 믿는 종교란 점입니다. 나의 모든 업은 나에 의해 만들어지고 행복과 불행도 지은 업대로 따른다 했습니다. 정신집중을 방해하는 번뇌 망상을 없애기 위해 애를 쓰지만, 번뇌는 파도와 같고 구름과 같아서 실체가 없습니다. 참되고 한결같은 일심一心의 바다에서 바람 따라 출렁이다가 바람이 자면 잔잔해지는 파도와 같고, 맑고 맑은 마음 하늘에 홀연히 일어났다 사라지는 한 조각 구름과 같은 것이 번뇌 망상입니다. 뿌리 없는 파도를 잠재우거나 실체도 없는 구름을 흩뜨려버리려고 마음 바람을 일으키면 더 출렁이고 오히려 먹구름을 몰고 옵니다.

시간이 지나면 스스로 잠잠해지고 때가 되면 스스로 흩어지므로, 번뇌가 밖에서 오는 것이 아니라 일심의 바다에서 생겨난 파도요, 본심의 하늘에서 일어난 구름임을 알아야 합니다. 번뇌 망상의 속성은 순식간에 일어났다가 사라지므로 내버려두면 저절로 사라집니다. 집착하거나 없애려고 하면 끊임없이 꼬리를 물고 일어납니다. 현상은 무수한 조건이 관계해서 성립되므로, 인연이 없으면 결과도 없고, 번뇌가 일어났음을 알아차렸을 때 담담하게 마음에 집중하면 번뇌는 저절로 사라집니다.

저희 은사 스님께 들은 이야기입니다. 옛날 어떤 스님이 홀로 산중 암자에 들어가 깨달음을 얻고자 참선을 하는데, 고요히 앉아 있으면 세속에서 있었던 옛날 일까지 떠올라 혼란스러웠습니다. 어떻게 번뇌를 다스려야 하나 고민하던 중, 목수 두 명이 그 산중에서 기둥감을 찾아 톱으로 나무 밑동을 자른 뒤 낫으로 잔가지를 툭툭 쳐내고 끌고 가는 걸 보았습니다.

그 모습을 본 스님은 '옳거니, 바로 저것이구나. 번뇌 망상으로 펼쳐진 잔가지 같은 집착을 끊어야겠다. 여기저기 걸리는 잔가지 일들을 일일이 다스리려 하면 어느 세월에 도를 이루겠는가? 이제까지 일어나는 망상을 지우려는 생각에 집착해 있었구나.' 미련하게 요동치는 잡생각을 쫓지 않으면 저절로 사라진다는 것을 터득했다고 했습니다.

골프는 정신수련이 필수인 운동입니다. 참선할 때의 집중력과 같은 맥락이 아닐까 싶은데, 그 정신수련이 선승들의 교훈과 일치하기 때문입니다. 나의 근본은 바로 마음이므로 참되고 꾸준히 번뇌 망상을 잠재워가며 정신 집중 수련을 하다보면 평온한 마음이 생활의 지혜로 응용됩니다.

타이거 우즈의 경우 제이브 란자라는 정신력 트레이너를 두고 규칙적으로 정신 집중훈련을 했다고 합니다. 골프의 훈련법으로 골드 점 응시하기, 호흡 집중훈련 등이 있습니다.

심판이 없는 운동

골프는 자신이 선수요 심판이며 동반자가 곧 심판이므로, 자기도 남도 속이지 않는 운동입니다. 그런가 하면 자기 자신을 속이기 쉬운 운동이기도 한데, 그래서 규칙을 잘 지키는 것이 골프의 기본정신입니다.

수행자가 아무리 실력이 있어도 언행이 일치하지 않으면 모두 경멸하듯이, 골프를 아무리 잘 쳐도 속임수를 쓰는 사람은 모두 싫어합니다. 참다운 수행자는 보는 이가 없다 해도 스스로 올바르게 살아가며, 골프 역시 심판이 없어도 자신의 양심을 속이는 룰을 범하지 않는 운동입니다.

골프의 규칙을 잘 지키다보면 스스로 신사 게임을 한다는 자긍심을 갖게 되며, 규칙을 잘 지키는 사람은 실수를 했어도 평정심을 쉽게 되찾습니다. 골프장에서 간혹 타수를 속이는 사람은 곧 자기가 자기를 속였고 지나친 욕심은 모든 재앙의 씨를 심는다는 것을 뒤늦게 깨닫습니다. 속일 기회가 자주 오고, 공을 슬쩍만 건드려도 치기 좋은 자리로 옮길 수 있으므로 골프는 자기도 남도 속이기 쉬운 운동입니다. 러프로 들어간 공을 찾다가 자기 공은 못 찾고 다른 공을 찾았는데, 즉 나이키 공이 들어갔는데 타이틀리스트 공을 치고 나오는 예도 있습니다. 골프 규칙을 잘 지키는 사람은 동반자가 전혀 보이지 않는 비스듬한 언덕에서 어드레스 후 볼이 조금 움직였어도 자진 신고를 하고 벌타를 적습니다. 자기가 기록을 해도 절대 줄여 적지 않고 타수 그대로 적습니다.

골프를 정직하게 치는 사람은 사회생활도 올바르게 하면서 어려움에도 잘 대처합니다. 누구도 이 세상에서 최상의 존재가 될 수 없다는 것을 골프장에서 실감합니다. 조화로운 협심은 즐거운 경기의 원동력이 된다는 것을 알게 됩니다.

직심시도량直心是道場, 즉 곧은 마음이 바로 도량이란 말이 있습니다. 직심은 정직한 마음, 곧은 마음, 한결같은 마음, 순수무구한 마음을 말합니다. 도량은 수행자가 수행하는 청정한 가람사찰을 말하지만, 여기에서의 뜻은 마음의 움직임에 따라 도량이 넓어지기도 하고 좁아지기도 한다는 의미입니다. 언제 어디서나 직심으로 수행하고 생활한다면 어느 곳이든 도량 아닌 곳이 없다는 뜻으로, 곧 마음이 바로 도량이란 뜻입니다. 정직함과 성실함에서 신뢰와 미덕이 생기고 지나친 허욕은 사람을 곤경에 빠뜨리며 양보다 중요한 것은 질이라는 걸 골프를 통해 체득하게 됩니다.

또한 골프는 평상심을 유지하게 하는 운동입니다. 어리석음은 좋은 옷으로도 가릴 수 없고, 우유부단하면 일을 쉽게 그르친다는 걸 가르쳐줍니다. 평상심이란 짐짓 꾸미지 않고, 가치판단으로 분별하지 않으며, 마음에 드는 것만 좋아하지 않고, 단견과 상견을 버리며, 상대적인 양극단에 치우치지 않는 마음입니다. 보통의 마음, 예사의 마음, 소박한 마음이요, 이 마음은 누구나 갖춘 자성 청정심으로 상대적인 차별심을 벗어나서 구체적인 현실의 삶으로 실행케 하는 마음입니다.

선한 사람에게도 악한 부분이 있고 악한 사람에게도 선한 부분이 있지만, 선한 사람에겐 선의 성격이 많고 악한 사람은 그 반대이기 때문에 그렇게 보이는 것입니다. 그러므로 대상을 헤아려볼 때는 일부분만 볼 것이 아니라 전체를 보아야 하며, 자연의 구성요소와 인간의 이상적인 변화와 능력을 기대해야 합니다.

누구나 각자에게 적합한 것이 따로 있는가 하면, 아무리 힘든 일이라 해도 익숙해지면 그렇게 힘들지 않으며, 차츰 재미도 생기고 능력도 향상됩니다. 골프는 규칙에 어긋나지 않으면서도 자유로우며, 어제보다 더 나을 수 있도록 게으름을 채찍질하며, 실수를 통해 반성, 변화 그리고 깨달음에 이르게 합니다.

마음이 주인이라
모든 것을 시키나니

심검당尋劍堂은 '지혜의 칼을 찾는 집'이라는 뜻이며, 무명초無明草, 즉 무명의 번뇌를 베고 진리의 길을 닦는 요사寮舍입니다. 해인사를 비롯하여 큰 절에는 건물들이 많으며 그 건물 중에 심검당이 있고, 이 건물에서 수십 명이 함께 머물며 수행합니다. 칼 중에는 취모리검이 있다는데, 취모리검의 칼날 위에 머리카락을 올려놓고 가벼운 입바람만 불어도 머리카락이 잘린다고 합니다. 이때 취모리검은 예리한 지혜의 칼날이며 어떤 무명초든 단호하게 자르는 칼바람입니다.

『장자莊子』에 '포정해우庖丁解牛'라는 말이 나옵니다. 전국시대 도살업을 하던 포정이 소를 잡는 걸 보면 뼈와 살 사이로

칼이 지나갔다고 합니다. 그래서 포정의 칼은 19년 동안 숫돌에 간 적이 없으며 '유도遊刀의 칼'이라고도 했답니다. 이때 유도의 칼은 상림桑林의 춤사위와 경수經首의 악보처럼 반 박자의 어긋남도 없었다고 합니다. 모든 사물에는 결이 있으며, 나무에도 결이 있고, 돌에도 결이 있으며, 잔디에도 결이 있고, 골프장에도 결이 있고, 골프 스윙에도 결이 있습니다.

골프 스윙을 할 때도 잡념을 베어내고 오직 공에 몰입하여 클럽 헤드가 땅과 공 사이로 지나가며 잔디만 살짝 깎여야 합니다. 바람도 결을 따르면 순풍이 되고 거스르면 역풍이 되듯이, 자신의 신체조건에 맞는 스윙의 결을 따르면 좋은 결과를 얻을 수 있습니다.

가까운 거리에서는 공과 땅 사이로 클럽 헤드가 들어가 각도에 의해 잔디를 떠내는 타법도 있습니다. 모래 위에서는 공을 직접 치지 않고 모래를 폭발시켜 빠져나오는 방법 등, 방법은 수없이 많습니다. 뒷땅을 치거나 공만 때리면 거리나 방향이 어긋나므로 정신을 집중하여 땅과 공 사이로 클럽 헤드가 지나가야 합니다.

긴장하면 몸에 힘이 들어가거나 몸이 굳어 자연스러운 리듬을 잃게 되고 실수를 거듭하게 되고, 결국 의기소침하여 더 큰 재앙을 불러들이기도 합니다. 우쭐하며 자만하거나 방심한 마음은 그다음 스윙에 실수를 부르고, 실수에서 비롯된 부정적인 생각도 평온한 마음을 잃게 합니다. 초조하고 불안한 마음의 원인은 자신 없음이요 보장되어 있지 않음이며, 나약하거나 허약하기 때문이니 안정적이며 자유로운 스윙으로 마음을 회복해야 합니다.

외적이나 내적으로 갈등 또는 대립의 양변을 여읜 자리, 즉 에고의 생각에서 벗어나야 안팎에 걸림 없이 몸과 마음과 자연이 일치합니다. 사물의 결을 통찰해서 보고 그 결을 거스르지 않는 것이 천지자연의 이치임을 깨닫게 되면, 골프도 어느 경지에 오르게 된다고 합니다. 골프는 근본적으로 자기와의 싸움입니다. 잡다한 생각이 적이요, 위기를 기회로 전환시키는 것도 자신이므로 자신과 함께하는 게임입니다. 구름 같은 지난 일에 연연하지 않고 목표에만 정신 집중을 해야지, 잡다한 생각은 미스 샷의 원인이 됩니다.

외부의 경계에 덩달아 흔들리거나 휘둘리지 않고 편견이나 갈등을 떠나서 있는 그대로 보아야 합니다. 마음이 주인이 되어 모든 것을 시키나니 어떠한 경계를 만나도 마음이 흔들리지 않으면 바람이 큰 바위를 스쳐 가는 것과 다름없다고 했습니다.

마음을 비우고자 해도 여러 상념들이 끊임없이 피어오르듯이, 골프에서도 마음이 비워지지 않고 사소한 외부의 변화에도 동요가 일어납니다. 오히려 경쟁심이나 승부욕으로 잡다한 생각이 더 일어나므로, 마음을 비우려는 생각에 굳이 집착하지 말고 평상심대로 하다 보면 오히려 무심해집니다. 일체유심조라고 합니다.

심불주어신心不住於身
신역불주심身亦不住心
일체유심조一切唯心造
－『화엄경』「야마궁중게찬품」

마음이 몸에 있지 않고
몸도 마음에 있는 것은 아니지만
모든 것은 오직 마음먹기에 달려 있다.

"스님도 골프를 치나요?"

골프를 시작한 지 3년째 되는 어느 날, 한국에서 친하게 지냈던 신도님이 미국에 오셨다가 문수사를 찾으셨다.

"어디를 구경하고 싶으십니까? 박물관, 고적지, 하버드 대학, MIT 등의 학교, 아니면 보스턴 심포니…… 어느 쪽입니까?" 묻자, 신도님은 "구경보다 골프를 치고 싶고, 보스턴에 바닷가재가 유명하다고 들었습니다. 먹어보고 싶습니다. 먼저 이 두 가지를 할 수 있는 곳을 안내해주시면 고맙겠습니다"라고 말씀하더군요.

예약 없이 이웃 동네 골프장으로 모시고 갔더니 두 팀이 밀려 있어 기다려야 했습니다. 마침내 우리 차례가 되어 나가려고 하는데 골프장 직원이 잠시만 기다리라 하더군요. 뒤늦게 도착한 두 사람을 조인시켜주었는데 공교롭게도 한국 사람들이었습니다. 인사를 나누며 한국 사람이냐고 묻기에 그렇다고 대답하니, 바로 이 동네 한국 교회 목사라고 하면서 같이 온 자기 부인을 소개했습니다.

"나도 바로 옆 동네 한국 절 문수사 주지입니다." 하며 동행한 분은 한국에서 방문하신 김 사장님이라고 소개했습니다. 그랬더니 목사님이 대뜸 "스님들도 골프를 칩니까?" 하고 묻지 않겠습니까?

그래 "목사님도 골프를 치십니까?" 하고 물으니 멍한 표정이었습니다. 답변이 없기에 "그럼 골프가 기독교와 관계가 있습니까?" 하고 또 물었습니다. 그러자 목사님이 "그럼 골프가 불교와 관계가 있습니까?" 하고 반문했습니다.

"불교 교리나 계율에 골프와 관련된 내용은 전혀 없습니다. 하지만 불교의 교리는 진리라서 어느 법이나 다 관계가 있습니다."

목사님이 의외라는 듯 미국식으로 어깨를 으쓱하더니 "어떤 관계가 있습니까?" 하고 물었습니다.

"여기에서 불교와 골프의 인연 이야기를 계속 들으시겠습니까? 아니면 골프를 치고 나서 커피 한잔하시겠습니까?"

"그럼 골프를 마치고 나서 대화를 나누지요."

네 사람이 별 대화 없이 무거운 침묵 속에서 공을 쳤고, 약속대로 골프를 마치고 다 같이 클럽하우스에서 커피를 마시게 되었습니다.

목사님이 "골프가 불교와 무슨 관계가 있습니까?" 하고 다시 물었습니다.

"토끼와 거북이가 경주하면 누가 이기겠습니까?" 하고 목사님에게 반문했더니 어처구니가 없는 질문이라서인지 대답은 안 하고 내 눈을 빤히 보고만 있었습니다.

"아니 그것도 모른단 말이오?" 하고 다그치자

"그야 거북이가 이기죠"라고 답했습니다.

"어째서요?"

"토끼는 가다가 잠을 자고 거북이는 쉬지 않고 꾸준히 올라가니 거북이가 이기죠."

"그것은 목사님의 해답이 아니고 그리스 사모스 섬에서 노예로 살았던 이야기꾼 이솝의 글입니다. 그리고 운동 경기하다 앞서간다고 낮잠 자고 가는 선수 봤습니까? 이솝이 토끼와 거북이를 비유해서 왜 글을 썼는지 그 뜻을 모르십니까?"

그러자 아무 말씀이 없었고 한동안 또 무거운 침묵이 흘렀습니다.

"누가 이긴단 말이오?" 하고 재차 물으니 그제야 말문을 열며 "그렇다면 토끼가 당연히 이기겠죠." 합니다.

"왜 토끼가 이긴다고 하십니까?"

"토끼가 거북이보다 훨씬 빠르지 않습니까?"

"틀렸습니다."

"그럼 토끼가 이기는 것도 아니요. 거북이가 이기는 것도 아니면 어떤 놈이 이긴단 말입니까?"

"산에서 경주를 하면 토끼가 이기고, 물에서 경주하면 거북이가 이기겠죠."

그러자 다시 침묵이 한참 흘렀습니다.

"골프장이 산에 있습니까? 아니면 도시에 있습니까? 산에서 하는 운동은 산에 사는 산승들이 하는 운동이요. 도시에서 사는 사람은 운동장이나 체육관에서 하고 수영은 수영장에서, 마라톤은 길에서 해야 맞는 운동 아니겠습니까?"

그러자 목사 사모님이 "여보, 당신 약속 있잖아." 그러면서 목사님을 재촉해 모시고 나갔습니다.

Ball

3부
나이 든다는 것은

말 한마디의 힘

뉴욕 맨해튼에서 30분 거리에 있는 라과디아Laguardia 공항은 뉴욕 시장을 세 번이나 연임한 피오렐로 헨리 라과디아Fiorello Henry Laguardia 시장 이름에서 따왔다고 합니다. 그는 뉴욕 시장을 하기 전에 판사였습니다.

어느 추운 겨울날, 한 노인이 빵을 훔치다 잡혀와 라과디아 판사에게 재판을 받게 되었습니다. 판사는 "노인께서는 왜 빵을 훔쳤습니까?"라고 물었습니다.

노인은 "사흘을 굶었습니다." 하며 연신 고개를 숙이고 눈물을 닦았습니다. 노인의 모습이 불쌍하기 그지없어 방청객들은 판사가 정상을 참작하여 용서를 해주거나 가벼운 벌을 내리리라 믿고 있었습니다.

판사는 그 말을 듣고 잠시 생각을 하더니 "처지는 딱하지만, 법에는 예외가 없습니다. 빵을 훔친 절도행위는 벌금 10달러에 해당합니다"라고 단호히 판결하며 방망이를 세 번 "땅! 땅! 땅!" 두드렸습니다.

그리고 나서 판사는 자기 지갑에서 10달러를 꺼내어 벌금을 대신 내주며 말했습니다.

"내가 벌금을 내주는 이유는 그동안 내가 좋은 음식을 배불리 먹은 죄에 대한 벌금입니다."

이어서 판사는 방청석을 향해 "이 노인은 재판정을 나가면 또다시 빵을 훔칠 수밖에 없습니다. 그러니 그동안 좋은 음식을 배불리 먹은 사람은 그 대가로 이 모자에 조금씩이라도 기부를 해주십시오. 여러분의 이웃이 빵을 훔쳐야 할 정도로 어려운 상황에 부딪혔는데도 아무런 도움을 주지 않은 책임도 있습니다." 하였습니다.

그 이야기에 감동한 방청객들은 1913년 당시 그 자리에서 47달러 50센트를 모아 노인에게 주었다고 합니다. 그 당시에 47달러는 적은 돈이 아니었습니다.

피오렐로 헨리 라과디아는 뉴욕 시장을 세 번이나 연임했으며 재직 중 비행기 사고로 돌아가셨습니다. 뉴욕 시는 허드슨 강변에 라과디아 공항을 지었습니다. 많은 사람들이 공항을 편리하게 이용하며 이분의 마음을 기리고 있습니다. 판사 라과디아의 말 한마디에는 사람의 마음을 움직이는 지혜의 힘이 있었습니다. 만약 판사가 이 불쌍한 노인에게 "젊었을 때 무얼 했기에 늙어서 빵을 훔치는 도둑질을 합니까?"라는 식으로 말했다면 대부분 도움을 주기는커녕 외면했을 겁니다.

어느 해 봄날, 4월 초순경이라 보스턴의 한낮 기온이 섭씨 10도쯤 되는 쌀쌀한 날이었습니다. 하버드 대학에 1년 연수를 하러 온 중앙일보 기자가 문수사로 찾아왔습니다. 그전부터 잘 아는 사이라 반갑게 맞으며 주중에 웬일이냐고 물었더니, 골프장에 가는데 같이 가자고 하였습니다.

"골프가 무슨 운동인지도 모르고, 골프 채 한 번도 잡아보지 않았는데 어떻게 골프장을 따라갑니까?" 하고 물었습니다. 그러자 그가 말했습니다.

"골프장이 어떻게 생겼는지 궁금하지 않습니까?"

"관심은 없지만 그래도 궁금은 합니다. 그런데 기자들이 골프 치는 걸 신문에 종종 좋지 않게 기사를 쓰던데요. 기자님은 골프를 치십니까?"

"공무 중 골프나 접대 골프 등의 비리를 막기 위해서 그런 기사가 나오는 것이지, 골프 자체가 나쁘다는 것은 아닙니다."

"그렇다면 골프를 잘 치는 동반자와 같이 가시지 왜 문외한인 저를 데리고 가시렵니까?"

"사실 나도 초보자지만 그보다 운동이 부족하여 건강이 좋지 않은 스님께 골프를 권하고 싶어서 찾아왔습니다."

"그래요? 그렇다면 따라가보겠습니다."

그리하여 쉰일곱의 나이에 처음 골프장에 가게 되었습니다. 기자님이 7번 아이언과 골프 공을 주며 툭툭 치면서 따라오라 했습니다. 넓은 골프장 잔디밭이 스님들의 운동장으로 보였고, 그래서 골프에 입문하게 되었으며 차츰 건강도 되찾아 노후의 건강을 골프로 지키고 있습니다.

방 안에서 책을 보거나 참선한다고 반가부좌 생활을 오래하다보니 쉴 줄도 모르고 운동도 하지 않아 건강 상태가 오랫동안 좋지 않았습니다. 그런데 "운동이 부족하여 스님 건강이 좋지 않다"라는 그 한마디가 나에게는 충격이었고, 그 말 덕분에 허약체질이 건강체질로 바뀔 수 있었습니다.

없을 무의 짜임새와 장작불

문수사 지하실 식당 옆에는 무쇠 난로가 놓인 작은 방이 하나 있습니다. 일요법회 때마다 그 난로에 장작불을 피우곤 하는데, 점심공양이 끝나면 신도님들이 난롯가로 많이들 몰려옵니다. 한겨울에 화끈화끈하게 뿜는 열기도 좋지만, 난로 문을 반쯤 열어놓으면 보이는 타는 장작불도 볼거리입니다.

  벽난로가 보기는 좋아도 열 손실이 크며, 무쇠 난로는 사방이 노출되어 열량이 그대로 실내에 전달되는 이득이 있습니다. 기름이나 전기 및 다른 연료에 비해 장작 난로는 자동이 아니므로 보조난방으로 사용합니다. 장작도 수시로 넣어야 하고 가끔 재도 퍼내야 하므로 일손이 있을 때만 불을 지핍니다.

장작불을 붙일 때는 큰 장작만으로는 불이 붙지 않아 작은 나뭇가지나 잎사귀며 불쏘시개가 있어야 합니다. 인간의 삶도 장작불에 비유합니다. 먼저 불을 붙이는 쏘시개가 타면서 점차 큰 장작을 태우며 불이 옮겨 붙으면 연기와 함께 열이 나기 시작합니다.

처음 불이 붙은 장작은 밑불이 되고, 그 밑불에 의해 그때부터는 불쏘시개 없이 마른 장작을 활활 태웁니다. 어떤 일이든 처음 준비와 시작이 어렵고, 또한 어느 정도까지 불타오르게 하기가 어렵습니다. 이미 불이 붙어 잘 타고 있을 때는 생장작을 넣어도 잘 타고 젖은 장작을 넣어도 마르면서 타오릅니다.

단단한 나무는 늦게 불이 붙지만 오래 타고, 작은 나무나 썩은 나무는 쉽게 타지만 화력이 약합니다. 나이테가 많은 나무일수록 불타는 열을 더 많이 담고 있으며 반쪽으로 빠갠 장작이 더 잘 탑니다. 빠개진 장작처럼 칭찬도 받고 야단도 맞으며 이쪽과 저쪽이 서로 경쟁을 할 때 불이 더 활활 붙는 것 같습니다.

장작끼리 몸을 맞대고 어우러져야 불이 붙고 타오르지, 따로 떨어져 있으면 그을음만 피우다 불이 꺼지고 맙니다. 사람도 혼자 잘난 사람은 없으며 더불어 있어도 소통이 안 되면 흩어진 나무토막과 다를 바 없습니다.

뜨겁게 달궈진 난로에는 둥근 나무나 모난 나무나 곧고 비뚤어짐에 관계없이 어떤 종류의 나무도 다 잘 탑니다. 없을 무 無 자의 짜임새를 보면, 장작을 가로 세로로 쌓아놓고 아래에는 불 화火, 즉 불을 지폈습니다.

반야의 눈으로 비추어보면 일체가 다 공하고 유무 시비의 대립도 없어진다고 했습니다. 『반야심경』 260자에 무無가 스물한 번이나 나옵니다. 승찬대사의 「신심명信心銘」에서는 일체 분쟁에서 오는 괴로움은 상대적인 개념, 즉 이분법적 사유와 흑백논리에서 비롯되는 것이라 했습니다. 이러한 사유는 중생의 본성이 아니라고 하여 철저히 그 대립적 관계를 부정하고 그 대신 불이不二와 중도中道상으로 서로 상대를 이해해야 한다고 하였습니다. 인정하고 받들어주는 이치를 깨달아 대립을 화합으로 바꾸어 대립에서 오는 괴로움을 소멸하며 서로 수용하고 포용함으로써 도에 이르러 락樂을 얻는다고 했습니다.

구한말인 1900년쯤 영국인들이 원산세관 구내에 6홀의 골프 코스를 만들어놓고 골프를 쳤다는 기록이 있습니다. 이 기록을 통해 한국 골프의 기원을 짐작할 수 있습니다. 한국 여자 프로골프는 1978년 프로골프협회에서 여자 프로부 신설을 결정하고 프로 테스트를 통하여 여자 프로를 배출하고 여자부 경기가 있었다고 합니다.

지금은 계층과 연령의 고하를 불문하고 골프가 대중 스포츠로 발전했습니다. 2017년 7월 14일자 중앙일보에 실린 기사에 따르면, 현재 한국에 운영 중인 골프장이 487개라고 합니다. 골프를 즐기는 나라는 전 세계 200여 개국이며, 한국은 세계에서 아홉 번째로 골프장이 많은 나라이면서 골프 인구는 500만 명이 넘는다고 합니다. 장작불이 그러하듯 불이 붙어 타오르기 시작하면 삽시간에 퍼집니다.

보이지 않는 것을 보려면

중학교 때 도화지에 내 손을 그리고 있는데 언제부터 보셨는지 어머니께서 어깨너머로 그림을 보시곤 "뭘 그리고 있니?" 하며 물으셨습니다.

"왼손을 그리고 있는데요."
"손가락으로 뭘 가리키고 있는 그림이구나?"
"네!"
"뭘 가리키고 있는데?"
"그냥요."

한참 동안 그림을 보시던 어머니는 "생산적인 손을 그려보면 어떻겠니?"라고 하시더군요.

"어떤 손이 생산적인 손인데요?"

"예쁘지는 않지만, 손가락 마디가 굵고 거칠어도 부지런한 손을 그려봐라."

"가만히 있어도 그리기 어려운데 움직이는 손을 어떻게 그려요?"

"놀고먹는 손보다 열심히 일하는 투박한 손을 상징적으로 나타내보란 뜻이야."

"어려운데요."

"있으면서도 안 보이는 것이 있고, 없으면서도 보이는 것이 있단다."

"그게 뭔데요?"

"눈에 보이는 것도 관심이 없으면 보이지 않지. 마음만 해도 보이진 않지만 분명 있지 않니?"

"어머니 말씀이 어렵기도 하고 쉽기도 하고, 알 것도 같으면서도 모르겠어요."

그러자 어머니께서 한 임금님의 초상화 이야기를 들려주셨습니다.

"전쟁터에서 한쪽 눈과 오른쪽 다리를 잃은 임금님이 전쟁이 끝난 어느 날 유명한 화가를 불러 초상화를 그려오도록 했단다. 첫 번째 화가는 눈과 다리를 다치기 전의 옛 모습을 그려서 바치니 임금님은 화를 내며 그 그림을 찢어버렸단다. 두 번째 화가는 장애인이 된 현재의 모습 그대로를 그려 바치니 임금님은 이번에도 그 그림을 찢어버렸단다. 세 번째 화가는 임금님이 말을 타고 활시위를 당기는 모습을 그려 바치니 잘 그렸다며 후한 상을 내렸단다.

첫 번째 화가가 그린 그림은 임금님께 아부하는 그림이어서 찢었고, 두 번째 화가가 그린 그림은 임금님을 모멸하는 그림이라 찢었단다. 세 번째 화가는 말을 타고 활시위를 당기는 임금님의 왼쪽 모습을 그렸으므로 왼발은 보이나 말 등 너머에 있는 오른발은 보이지 않는 그림이었단다. 그리고 활시위를 당겨 겨냥할 때는 한쪽 눈을 감으니 임금님의 모습을 그대로 그렸어도 지혜롭게 그려 기쁘게 해주었단다.

남의 부족함이나 모자람도 한눈 감아주고, 아픈 상처도 등 너머로 가려주며 아름다움을 살펴 찾는 심미안으로 세상사를 바라보아라. 한쪽 눈을 실명하면 남은 눈이 더 발달하니, 남의 결점이나 허물을 얕보지 말고 있는 그대로 보되 안목과 식견을 넓혀야 한다. 눈은 겉만 보고 귀는 소리만 들으니, 중요한 것은 마음으로 보고 가슴으로 들어야 하는 거야. 의도적으로 노력하다 보면 어느새 편견이 정견으로 바뀐단다."

옛날에 어머님께서 들려주신 이야기에 이어, 이솝 우화 한 편을 더 소개하고자 합니다.

어느 날 사자가 양을 가까이 오게 하여 자기 입에서 무슨 냄새가 나는지 맡아보게 하니 정직한 양은 사실 그대로 고약한 냄새가 난다고 말했습니다. 사자는 화가 나서 "이 고약한 놈." 하고는 양을 물어 죽였습니다.

이번에는 늑대를 불러 양에게 묻듯 똑같이 입을 벌려 냄새를 맡게 하고 물었습니다.

"무슨 냄새가 나느냐?" 늑대는 양을 물어 죽인 사자의 눈치를 보며 "아무 냄새도 나지 않습니다"라고 대답하니 사자는 "이 아부꾼 같은 놈아." 하고 늑대도 물어 죽였습니다. 이번에는 여우를 불러 똑같은 질문을 던졌습니다. 앞에서 양과 늑대가 변명이나 반항도 못하고 죽어가는 모습을 본 여우는 이렇게 대답했습니다.

"죄송하지만 저는 지금 감기를 앓고 있어서 아무 냄새도 맡을 수 없습니다." 그래서 여우는 살아남았습니다.

수행자들이 저에게 운동(골프)을 하네 마네 뒤에서 수군거릴 때 저는 "예? 크게 말씀해주세요. 귀가 어두워서 잘 안 들립니다"라고 말하곤 했습니다. 한국 여자 프로골프 시대를 연 구옥희 프로는 1975년 경기도 고양의 어느 골프장 캐디로 일하면서 골프와 인연을 맺었다고 하는데, 해외로 포교 나간 스님들은 그 이전부터 골프를 쳤습니다. 예전에는 골프가 대중 스포츠가 아니었지만 지금은 남녀 선수들이 세계 프로 무대(PGA, LPGA 등)에서 크게 활약하여 한국은 골프 강대국이 되었습니다.

긴장과 대립이 주는 생존력

영국의 역사학자 아놀드 토인비는 저술과 강연에서 청어와 바다메기에 대한 비유를 자주 인용했다고 합니다.

유럽의 어부들은 청어를 잡으러 북해나 베링 해협까지 먼바다로 나아가야 했습니다. 가고 오는 거리나 잡는 방법보다 어떻게 하면 청어를 죽지 않고 살려서 가져오느냐가 숙제였습니다. 당시는 냉동기술이 없어서 배 밑에 바닷물이 들고날 수 있게 수조를 만들어 청어를 잡는 즉시 그 안에 넣었지만, 배가 부두에 도착해서 보면 청어들이 다 죽어 있었습니다. 그러던 어느 날부터 팔팔하게 살아 있는 청어가 런던 수산시장에서 나오기 시작했고, 갑절이나 비싼 가격에 팔렸습니다. 다른 배의 어부들이 그 어부에게 비결을 물었지만 경쟁자들이니 가르쳐주지 않았습니다. 아무리 비법을 물어도 대답을 해주지 않던 어부는 큰돈을 벌고서야 비로소 입을 열었습니다. '배 밑에 수조를 만들어 바닷물이 항상 들고 나도록 시설하고서 그 안에 살아 있는 청어를 넣는다'는 것이었습니다.

"그거야 우리 모두 그렇게 하고 있지 않습니까?" 하고 반문하니 "그다음에 바다메기 두세 마리를 그 안에 같이 넣습니다"라고 했습니다.

"그럼 청어의 천적인 바다메기가 청어를 잡아먹지 않습니까?"

"그야 물론 잡아먹지만 메기 한 마리가 먹는 양이 청어 서너마리 정도입니다. 수백 마리의 청어가 두세 마리의 바다메기에게 잡아 먹히지 않기 위해 런던 수산시장에 도착할 때까지 계속 도망치고 있습니다.

배가 부른 바다메기가 더는 잡아먹지 못하는데도 다른 청어들은 무서워서 이리저리 도망치고 쫓기다가 오히려 팔팔하게 살게 된다는 것입니다. 가끔 허둥지둥 바쁘게 사는 분에게 "뭐가 그리 바쁘십니까?" 하고 물으면 "죽고 싶어도 죽을 시간이 없어서 못 죽습니다"는 말을 듣곤 합니다.

청어도 잡아 먹히지 않기 위해 도망치다가 런던 수산시장까지 살아서 오듯이, 고통과 역경이 더 강하게 살아남게 하는 힘이 될 수 있습니다.

누구나 살아가는 동안 그물망에 갇힌 청어같이 전혀 준비 없이 사고나 질병, 경제적인 타격 등 불청객을 만날 수 있습니다. 그럴 때 마치 잡힌 청어같이 무기력하게 갇혀 있거나 자포자기할 것인가? 아니면 메기 같은 무서운 역경에 쫓기면서 팔팔하게 살아갈 것인가? 생각해봐야 할 것 같습니다.

반대로 메기 한 마리 없이 건강하거나 경제적으로 좋은 조건이 다 갖추어지면 얼마 동안은 편안하고 안정적입니다. 하지만 그런 생활을 지속하다 보면 자칫 안일하고 나태해지며 오히려 매사에 흥미를 잃기 쉽습니다.

메기에게 잡아 먹히는 청어도 있지만 쫓기면서 살아남는 청어가 더 많듯이, 병으로 죽기도 하지만, 수많은 병에 시달리면서 치료해가며 삽니다. 약도 먹고 운동도 하고 생활습관이나 식생활도 개선하며 삶의 철학을 터득해갑니다. 의사를 존경하지만, 그중에서도 내 몸 안에 있는 나의 의사를 더 존중해야 하며, 내 몸을 지키고 있는 나의 의사가 나의 자만을 꾸짖는 소리도 들을 줄 알아야 합니다. 맑은 날씨가 좋지만 맑은 날씨만 이어지면 가뭄에 다 말라죽듯이, 인간사도 어찌 좋은 날만을 바랄 수 있겠습니까?

자신과의 싸움을 통해 역경이나 고비를 넘기며 심신을 단련하기도 하고, 능동적으로 노력하고 의미를 부여하며 어떤 일이든 가능하게 하고자 합니다.

  나이가 들수록 날씨 등의 핑계를 대며 운동도 하지 않고 건강을 위한 대비도 안일하게 합니다. 내 몸 안의 의사도 내 나이만큼 늙었으며 내 몸도 세월에 굼뜬 것을 보니 언젠가는 메기에게 잡아 먹힐 청어이겠지요! 그래서 메기에게 쫓기며 태평양을 건너가는 늙은 청어처럼, 나의 골프이야기도 그런 것 같습니다.

마른 나무토막도 선택되면
목탁이 되듯

강이나 해변에 지천으로 있는 돌이나 땅속에 묻혀 있는 돌은 그저 돌입니다. 인류의 문명과는 별다른 관계없이 돌은 그곳에 있습니다. 그 많은 돌 중에 어떤 돌이 수석 애호가나 조각가에게 선택되었을 때, 그 돌은 죽음의 상태와 같은 깊은 잠 속에서 깨어나게 됩니다. 수석으로 사랑받거나 질 좋은 석재로 인정받으면 그때부터 깎고 다듬어져 조각 작품으로 새로운 생애가 시작되겠지요!

대추나무로 만든 목탁을 박달나무 목탁채로 울리면 도솔천 내원궁까지 들린다는 과장된 비유가 있습니다. 한 토막의 마른 나무도 목탁을 깎는 목공에게 선택되면 겉은 깎이고 속은 파여 목탁으로 만들어집니다. 죽어 마른 나무토막이 산 사람의 업장을 소멸해주고 돌아가신 영혼을 천도해주는 기도목탁이 됩니다.

법당 추녀 끝에 매달린 풍경도 바람이 불지 않으면 그냥 그대로 매달려 있습니다. 오랜 세월 동안 매달려 있는 그 풍경은 그동안 수많은 계절풍과 비바람 및 설한풍이 울리고 갔습니다. 뎅그렁거리는 그 소리가 바람의 울림인지! 풍경의 울림인지! 듣는 귀의 울림인지! 어느 것 하나 떼어놓을 수 없는 인연이요, 조화로서 이루어진 울림입니다.

바람과 풍경이 만나 고요한 울림으로 수행자를 경책해주며 법음의 세계로 인도합니다. 이미 길든 청각이나 시각은 계절풍이나 기류에 곧바로 반응하여 깨침의 소리에 귀 기울입니다. 인연은 바람과 풍경의 관계만이 아니고 소리로서 제3의 정신세계를 깨어나게 합니다.

종소리는 시방법계를 청정하게 하고 일체중생을 삼계의 고뇌에서 벗어나게 하는 범음梵音입니다. 다양한 제품의 금속이 있지만, 청동공예 및 주조기술에 의해 주석과 구리의 합금기술로 범종이 만들어집니다. 성분이 다른 구리 80퍼센트에 주석을 17퍼센트로 합금을 하면 종소리가 맑고 진동의 여운이 길어진다고 합니다.

구리와 주석을 반반씩 합금하면 소리가 더 잘 날 것 같지만 그렇지 않듯이, 주고받는 사람간의 정도 반반이 아니랍니다. 많이 주고 적게 받아도 만족스러울 때가 있고 베풀기만 해도 보람을 느끼는 일들이 수없이 많습니다. 종도 울리지 않으면 그 소리를 들을 수 없듯이 아는 만큼 실천해야 합니다.

크고, 작고, 둥글고, 검은 모양은 상종이며, 쇠의 단단함과 무거움은 성종입니다. 상종인 겉모양을 만들기는 어렵지 않으나 보이지 않는 성종의 비율을 맞추어 맑은 소리를 내기는 쉽지 않답니다. 주조 기술에 따라 종 모양과 소리가 달라지듯이, 인간관계도 서로가 좋은 소리를 들으려면 합금하듯 합심을 잘 해야 한다고 봅니다.

직접적인 인因을 도와 결과를 낳게 하는 연緣의 작용으로 변화를 가져오므로 의도적으로 업을 잘 지어야 개선되고 밝아집니다. 사람과 사람이, 사람과 자연이, 자연과 자연이 서로 만나서 조화를 이루고 더불어 상생하므로 세상은 어김없이 돌아가나봅니다. 인연설은 이 세상 만법이 생기고 변하며 멸하는 일체의 현상에 대해 설명한 논리라고 했습니다.

골프도 시대적인 흐름과 어둡게 보는 시각을 서로 이해해야 현재와 과거가 이어지는 소통의 역사로 기록될 것입니다. 순금보다 합금이 더 강하듯이, 수행자는 불교의 정법 법문을 설하면서 세계의 문화 이야기로 어두움을 밝혀주는 것이 방편이라고 생각합니다. 그래서 골프 문화를 통해 개인적인 편견이나 상대적인 차별심에서 벗어나 현실적인 삶으로 실행해야 함을, 그리고 인위적이고 의도적인 조작이 없어야 평상심을 잃지 않는다고 전합니다.

서로 각각 의존하는 관계로 이루어져 있는 것이 우주법계의 실상이며, 개별 존재들이 전체를 구성하고 그 개별 존재와 전체가 무애함을 밝혔습니다.

새는 왜 유리창에 부딪힌 걸까?

 어제 세찬 비바람이 휘몰아치더니 늦가을까지 버티던 잎사귀들이 무수히 떨어지고 만추의 풍경이 금세 흑백사진 같은 초겨울 풍경으로 바뀌었습니다.
 어제는 조금 남은 늦가을까지 모두 거두어간 날씨이기에 3면이 유리인 2층 방에서 창가 테이블에 앉아 커튼을 걷고 컴퓨터와 창밖을 번갈아 보고 있었습니다. 그런데 갑자기 유리창에 무엇인가 '쾅' 하고 부딪히는 소리가 났고, 직감적으로 새라는 걸 알아챘습니다. 지난해에도 그런 일이 있었거든요. 하여 다쳤으면 치료해주려고 뛰어 내려갔습니다. 참새보다 약간 큰 딱새가 이미 죽어 있었습니다. '죽은 새를 땅에 묻어줄까? 아니면 박제해서 애들이 보게 해줄까' 하다가 불교식으로 화장을 했습니다. 안쓰러웠지만 지하 휴게실에 있는 무쇠 난로에 장작불을 지피고, 새가 재가 될 때까지 옆에 지켜 서서 염불을 해주었습니다. 그러고서 눈 밝은 새가 왜 유리벽을 보지 못하고 부딪쳤을까 하는 생각을 해보았습니다.

어제는 세찬 비바람에 낙엽이 새 떼같이 날고 굵은 빗줄기라서 시야도 무척 흐렸습니다. 줄기차게 내리는 비와 흩날리는 낙엽의 장애물을 무시하고 날아가다가 미처 투명한 유리벽을 보지 못했나 봅니다. 아니면 유리창에 거울처럼 반사된 반대편 숲을 보았던지, 그렇지 않으면 뚫을 수 있다고 착각했을 겁니다. 내 눈으로 직접 보았다 해도 다 보지 못했고 보지 못했다고 해서 없는 것은 아니지 않습니까?

눈이 있어도 볼 수 없는 것이 많고, 귀가 있어도 듣지 못하는 소리가 수없이 있습니다. 보이지도 않고 들리지도 않으며 느낄 수도 없지만 분명히 존재하고 살아 있는 것들이 한량없이 많습니다.

사람도 환상이나 환영 같은 허욕에 속을 때가 있습니다. 그것은 조명이 번쩍이는 무대 위만 보기 때문입니다. 무대에 오르기까지 타고난 재능과 훌륭한 스승 그리고 부모님의 뒷받침과 스스로 남보다 더 노력한 과정은 보이지 않습니다. 또한 무대 뒤에서 일하는 스태프들이 보이지 않으니 생각도 그곳에 이르지 못합니다.

나는 새가 유리벽에 부딪히듯 부족한 실력으로 일류대학에 응시했다 떨어지는 학생을 하나둘 본 게 아닙니다. 자신이 가진 전 재산뿐만 아니라 남의 돈까지 빌려 사업을 하다가 망한 사람도 적지 않습니다. 어떤 선거든 여러 사람이 출마해도 한 사람만 당선되고 나머지는 모두 떨어집니다.

선거에 출마한 후보자들은 대부분 무속인에게 점이나 사주, 관상을 보고 출마를 한다고 합니다. 예를 들어 여섯 사람이 출마하면 한 사람만 되고 다섯 사람이 떨어지니 무속인도 앞을 내다보지 못한다는 이야기입니다. 새가 유리창에 부딪히는 일은 흔하지 않지만 자만하다가 유리벽에 부딪히는 사람은 헤아릴 수 없이 많습니다. 자기 실력이나 능력은 모르고 남이 하니까 나도 할 수 있다고 무모하게 덤비다 실패하는 예가 허다합니다.

골프장에는 여기저기 함정이 숨어 있으며 푸른 잔디밭만 보고 가다가는 실수를 범하기 십상이지만 잘 살피고 신중하면 실수를 줄일 수 있습니다. 개의 뒷발처럼 구부러진 홀이라고 해서 '도그렉'이라 이름 붙여진 코스는 안전하게 치려면 짧게 치면서 돌아가야 하는데, 치다보면 한 타 줄일 수 있는 직선거리가 보입니다. 하지만 대부분 호수나 숲을 넘겨야 하는 모험을 해야 하고, 성공하면 버디를 잡고 못 넘기면 공이 물에 빠지거나 숲속으로 날아가는 OB를 범합니다. 한 타 줄이려다 두 타를 잃기 쉬우며, 확고한 자신이 없으면서도 함정이 도사린 코스로 끌려가기 마련이며 모험 뒤에는 상벌이 뒤따르게 설계되어 있습니다.

처음 출발할 때는 푸른 잔디밭만 보이지만 골프를 치면서 살펴보면 무성한 풀밭과 언덕, 험준한 계곡이며 모래로 이루어진 우묵한 벙커 등이 보입니다. 골프장 주위에 함정이 많지만 엄밀히 따지면 욕심에 가려 앞을 바로 보지 못하는 데서 오는 자신의 문제라는 걸 깨닫게 됩니다. 라운딩을 할 때 서두르지 않고 침착하게 경기를 이어가는 자가 좋은 점수를 냅니다.

아직 봄은,
나뭇가지에 걸려 몸짓만

문수사에는 길과 마당 사이에 자연적으로 생긴 밭고랑만 한 작은 화단이 있습니다. 봄이면 살얼음을 뚫고 나오는 크로커스가 제일 먼저 꽃을 피웁니다. 채송화 키만큼 낮은 꽃이라서 합장하고 절하듯이 허리 굽혀 고개를 숙여야 보이며, 주인 닮아 내세울 것이 없어서 키가 작은가 싶습니다. 서서 보면 그림자에 가리고 더욱이 아주 작은 꽃이라서 나직이 앉아 가까이 다가가면 향기로 반기면서 관심을 가지게 합니다.

  살얼음이나 눈을 뚫고 나와 꽃을 피우니 경이롭습니다. 눈 속에서 피면 사프란이라 하고, 눈 녹은 뒤에 피면 크로커스라고 부릅니다. 초록색 여러 잎은 화살촉같이 뾰쪽뾰쪽 강해 보이고 그 잎들의 경호 속에서 황금빛이나 보랏빛 꽃대를 올립니다. 향기 진한 꽃봉오리는 화사한 햇살 속에 피어나고 서리 내리는 밤에도 고운 꽃잎 그대로 달빛을 우러릅니다.

키가 작아도 순간순간 몰두하여 살얼음판을 뚫고 나오며, 어느 땐 초봄답지 않게 일찍부터 마른번개가 쳐도 죄지은 일 없다며 환한 미소로 의연합니다. 3월이지만 이곳 날씨는 쌀쌀하기만 합니다. 그래도 얕게 햇살 퍼지면 겨우내 헤픈 답답함이나 갇혀 있던 통념에서 벗어나 능동적으로 도약하게 합니다. 애쓰면 부르트는 입술같이 눈 속에 묻힌 나뭇가지의 잎 자국마다 어린 눈이 조금씩 부풀어 물이 오르는 생기도 엿보입니다. 순간순간 이미지를 형상화시키며 몸과 마음의 중심과 균형을 잡아갑니다.

어느 날 풍혈화상에게 한 스님이 물었습니다.

"말을 할 때나 침묵하고 있을 때나, 어떻게 해야 진리에 조금도 어긋남이 없겠습니까?"

풍혈화상이 답하기를

"강남의 3월을 오랫동안 기억하고 있는 것은, 자고새가 우는 그곳에 온갖 꽃이 향기롭기 때문이네!"

가고, 머물고, 앉고, 눕는 네 가지 동작 그리고 말과 침묵과 움직임과 고요함이 모두 참선에 있어선 어떤 상황이든 장애가 될 수 없다고 했습니다. 말을 할 때나 침묵할 때나 절대의 경지는 본인 스스로 그곳에 나아가서 통찰하고 체험해보라는 가르침입니다. 시시비비는 접어두고 대자연의 실상을 살펴보며 제법의 참된 모습을 몸소 체득하면 언어나 침묵에 떨어지지 않고 자유로워진다는 해답입니다.

이와 같은 맥락에서 "골프 운동을 하는 수행자나 안 하는 수행자나 어떻게 만나야 어긋남이 없겠습니까?"라고 묻는다면, "이른 봄 눈 속에서 피면 사프란이요, 눈 녹은 뒤에 피면 크로커스라고 부른답니다"라고 답하고 싶습니다.

무슨 이론이든 흑백론으로 시비를 가리는 것은 절벽에 맞닥뜨린 얼굴같이 빠져나갈 길이 없으므로 이러할진대, 한 발짝 물러나 봄소식으로 응수할 수밖에 없습니다.

골프장은 대부분 산에 있으므로 산에서 하는 운동이고, 운동경기 가운데 가장 큰 운동장에서 하는 종목입니다. 야구장이나 축구장은 5천 평이면 충분하다고 하는데 골프장은 18홀은 기본이고 36홀도 많으며, 18홀이 다섯 개가 있는 곳도 있으니 50만 평이 넘는 골프장도 종종 있습니다.

젊은이들은 하루에도 36홀을 도는 예가 흔한데 넓은 골프장에서 운동하는 사람과 방 안에서 TV로 보는 시각 차이가 다르지 않을까 하는 생각이 듭니다. 골프 경기를 TV로 관전만 한다면 그것은 놀이를 보는 재미에 불과합니다.

골프는 몸을 움직이는 경기이면서 내부적으로는 정념의 수련입니다. 봄이 새로운 생명의 세계를 열 듯, 골프에도 언제부터인지, 상류사회의 스포츠가 아니라 대중 스포츠로, 새로운 시대를 열어가는 봄바람이 불어오고 있습니다. 겨울이 너무 길다 보니 눈 녹는 봄이 무척 기다려지는데 아직은 봄이 나뭇가지에 걸려 몸짓만 하고 있습니다.

변화와 연속

이 세상 어떤 것도 영원하지 않고, 어떤 것은 눈에 보이게 변하고, 어떤 것은 보이지 않게 아주 서서히 변화하고 있습니다. 변화의 모습은 생성과 소멸, 성장과 쇠퇴, 증가와 감소, 만남과 흩어짐, 확대와 제한 등 다양하며, 형성된 것은 모두 무상합니다. 우리가 상상할 수 있는 것은 시간이 그대로 놔두지 않으며, 정신적이든 물질적이든 어떤 현상으로 변화하든 간에 모두 바뀌는 것이 변화의 본질이라고 합니다.

생리학에서는 인간의 몸이 잠시도 멈추지 않고 변화한다고 하며, 인체의 부분, 즉 피부, 뼈, 머리카락, 손톱, 발톱은 7년이면 완전히 새로 바뀐다고 합니다. 어린아이가 성장해서 젊은이가 되고, 젊은이가 노인으로 늙어가는 모습이 어릴 적 그와는 너무 다르지만 결국 끊임없이 변화하면서도 연속성이 있다는 것입니다.

하나의 결과든 혹은 여러 결과든, 오직 하나의 원인에서 나올 수 없고, 여러 원인에서 오직 하나의 결과가 나오는 것도 아니라고 했습니다. 그러므로 하나의 결과를 낳기까지 여러 원인이 결합하여야 하며, 이렇게 결합한 원인의 일부는 그 결과를 강화할 수도 있고 방해하고 늦추기도 합니다. 상반되는 것이 서로 영향을 주어 효과가 없어지는 일도 있으며 대립하는 업들이 상호작용할 때 업의 성격이 결정될 수도 있고, 우세한 업이 전면에 드러날 수도 있다고 합니다.

인력의 법칙에서는 유유상종의 원칙을 기반으로 강도와 질의 진동을 가진 원자가 진동이 자기와 조화를 이루는 다른 원자를 끌어당깁니다. 무선전자는 서로 간에 주파수가 맞을 때만 교신이 되듯, 이 법칙은 무정물의 에너지계에서뿐만 아니라 생명체의 세계에서도 작용한다고 합니다. 식물이나 동물의 세계도 같은 유형끼리 무리를 짓고, 취향이 비슷한 사람들끼리 모여 모임을 하는 것도 이런 경향을 입증합니다.

또한 사람들은 다른 동물 세계와 달리 물질이나 조건을 자기 쪽으로 끌어당기는 특수능력이 있어서 좋아하는 사람이 좋아하는 물건까지도 좋아한다고 합니다. 그러나 이 변화에는 특

징이 있는데, 즉 모든 것이 변하지만 그 어떤 것도 없어지거나 소멸하지 않고 오직 형태만 바뀔 뿐이라는 것입니다. 물이 얼음이 되듯이 액체가 고체로 될 수 있고, 물이 수증기로 증발하듯 액체가 기체로 변할 수는 있지만, 그 가운데 습도의 정체는 없어지지 않는다고 합니다.

죽지 않으려면 태어나지 않아야 하듯이, 시작하면 그 순간부터 끝남도 시작되며 따라서 이 변화는 하나의 지속적인 과정이요 변천의 흐름입니다. 하나의 조건에서 그다음 상태를 구별 짓는 뚜렷한 선이 없는 것은 바로 연속성이 있기 때문이며 그러면서도 변화의 법칙에 따라 골프도 똑같은 샷이 나올 수 없다는 것입니다. 원하든 원하지 않든 누구나 변화 속에 살며 우리 자신도 계속 변화하므로 불교에서는 제행무상이라고 합니다. 그래서 형성된 것은 모두 무상하다고 했습니다.

경험이 천재보다 낫다

한 선비가 강 건넛마을에 가려고 나루터에 이르자 갑자기 소나기가 쏟아져 나룻배가 떠나지 못하였습니다. 비가 그치자 사공과 조수가 승선하라고 안내했습니다. 배가 출발하고 모두 뱃머리 쪽을 바라보고 있었는데, 선비가 헛기침을 하고 거드름을 피우며 뱃머리 사공에게 다가가 말을 걸었습니다.

"여보게 사공, 나룻배는 남녀노소 귀천 없이 많은 사람이 타고 강을 건너니 그분들에게 맞는 상식 정도는 알아야 할 텐데 어느 정도 배우셨는가?"

"저는 배 부리는 법만 배웠지 서당 문턱도 못 가봤습니다."

"그래? 배를 부리자면 남의 생명도 자기 생명같이 알아야 하네!"

　이런 이야기 저런 이야기 들어주는 사이에 배는 강 건너 나루터 가까이 다다랐고, 갑자기 내린 소나기에 떠내려오는 나무를 피하지 못하고 부딪혔습니다. 뱃전에서 사공과 이야기를 나누던 선비가 중심을 잃고 물속에 빠졌습니다. 유식함을 자랑하며 사공을 훈계하던 선비가 수영을 못하고 허우적거리자 사공은 조수에게 배를 부탁하고 물에 뛰어들어 선비를 구했습니다.

　"선비님! 생명이 중요한 줄은 배워서 잘 아실 터인데 남의 생명은커녕 자기 생명도 구하지 못하시는군요!"

　수영 교과서만 읽고 깊은 강물에 뛰어들었다가는 헤어 나오지 못하고 죽습니다. 주식도 쌀 때 사서 비쌀 때 팔면 돈을 벌고, 음식도 맛있게 만들어 많이 팔면 돈을 벌지요. 세상사 이론처럼 간단해 보이나 실전에 들어가보면 녹록지 않습니다. 바둑에서 급수를 정하는 것도 필기시험은 없고 오로지 실전만이 승급의 기준이듯이, 골프도 필기시험은 없고 경기에서 타수가 승부를 가립니다. 골프 공도 먼 거리는 멀리 똑바로 치고, 가까운 거리는 거리만 정확하게 조절하면 우승할 수 있지만, 공이 의도대로 가주지 않습니다.

　이론은 최상의 상태에서 모든 것을 평가하지만, 실전은 최악의 상태에서 목숨을 구하는 것부터 시작합니다. 좋은 상태에서 좋은 결과를 얻는 것은 어렵지 않지만, 나쁜 상태에서 좋은 상황을 만들어내는 것은 실전 경험이 있어야 이룰 수 있는 값진 결과입니다. 골프도 자기 스윙과 이론을 이해 분석하는 교습을 받고 충실히 연습하여 근육에 기억을 시켜야 좋은 결과를 기대할 수 있습니다. 즉, 멋진 스윙을 익히려면 단계적이고 올바른 이론적 이해와 끊임없는 반복연습으로 자기 체형에 잘 맞는 리듬을 통해 자연스럽게 근육의 반사적 움직임을 만들어내야 합니다.

골프를 인생에 비유하곤 하는데, 지식으로 치는 것이 아니라 기초부터 고급기술까지 배우며 연습장이나 골프장에 나아가 스윙 이미지를 몸에 익히는 것입니다. 처음부터 배운 지식대로 잘 맞는 것이 아니라 수없는 헛스윙을 통해 자신과 타인과 공간 환경과의 관계 속에서 이루어지는 운동임을 터득해갑니다. 마음과 자세를 바꾸면 스윙이 달라지고 자연스럽게 변화가 따르므로 긍지와 보람을 가지고 지혜와 역량을 발휘합니다.

언어나 문자로 아무리 잘 배워도 몸으로 익혀야 하고 사람마다 체형이 다르므로 기초적인 도움은 줄 수 있어도 궁극적인 해답은 주지 못합니다. 경책을 읽어 지식을 얻고 기도나 참선을 통해 지혜를 밝히듯이 골프도 기본자세부터 배우고 익혀야 합니다.

아무리 열심히 해도 기초지식이 없으면 악습만 익히게 되니 이론을 통해서 감을 익히면 마음 따라 몸 가고, 몸 따라 마음 가며 몸과 마음이 둘이 아닌 경지에 이릅니다. 골프를 칠 때마다 실수하지 않으려고 한 타 한 타 조심스럽고 신중하게 치지만 공은 숲으로 휘어 들어가거나 벙커 아니면 물속에 빠지곤 합니다. 어디 그뿐입니까? 뒤땅을 치고 잔디를 파내거나 고개를 치켜들어 토핑하고 망치로 못 박듯이 공을 처박기 일쑤입니다. 성급하게 휘두르다 OB가 나고, 과신하다 넘치기도 하며, 멀리 치려다 방향을 잃는 예도 허다합니다.

　인생사도 이와 같아 잘 살려고 열심히 노력하여 아무리 조심해도 실수는 따르기 마련입니다. 불교에서 어느 한쪽만을 보고 다른 면을 보지 못하면 공이 아니요, 변공邊空이라고 했습니다. 널리 배우고 명백하게 이해하며 신중하게 실천할 때 원만해지고 맑아지며 밝아진다고 했습니다. 서산대사께서는 "경험이 천재보다 낫다"고 하셨습니다.

넘치지도
모자라지도 않게

경청도부 선사가 제자에게 가르쳐준 「줄탁동시啐啄同時」의 법문입니다.

　날짜도 모르고 달력도 없이 사는 암탉은 따뜻한 가슴에 알을 품어 어김없이 21일이면 병아리를 부화시킵니다. 어미 닭의 품속에서 21일이 지나면 달걀이 병아리로 변해 껍질 안쪽에서 세상 밖으로 나오기 위해 톡톡 노크합니다. 이때 병아리가 알 속에서 소리를 내며 톡톡 쪼는 것을 '줄啐'이라 하고, 그 소리를 듣고 어미 닭이 바깥에서 껍질을 탁탁 쪼아 깨주는 것을 '탁啄'이라고 합니다. 병아리가 안쪽에서 톡톡 쪼는 '줄'과 어미 닭이

밖에서 탁탁 쪼아주는 '탁'이 동시에 이루어져야 병아리가 껍데기를 깨고 태어납니다. 21일이 되기 전에 어미 닭이 달걀을 쪼으면 알이 병아리가 되기 전이라서 죽게 되고, 너무 늦게 쪼아도 병아리가 껍데기를 깨고 나오지 못하므로 죽게 됩니다.

스승과 제자도 톡톡 탁탁 동시에 일치하는 경지에 이르러야 순간적인 계기가 이루어져 깨닫게 된다고 하였습니다. 스승이 아무리 잘 가르쳐도 제자가 그에 부응하는 경지에 이르지 못하면 그 역시 헛수고에 지나지 않습니다. 스승 역시 제자의 수행이 익었음에도 기연을 알아차리지 못하면 깨달음의 문을 열어주지 못합니다.

좋은 나무도 훌륭한 목수를 만나면 대들보나 기둥이 되지만 나무꾼을 만나면 땔나무 장작이 되고 맙니다. 고령토도 훌륭한 도공을 만나면 백자나 청자가 되지만 도공을 잘못 만나면 죽사발이나 개밥그릇이 되고 만다는 비유가 있습니다. 마찬가지로 땔나무 장작밖에 안 되는 쓸모없는 나무는 아무리 훌륭한 목수를 만나도 대들보가 될 수 없습니다. 역시 훌륭한 도공도 도자기 재료가 되지 않는 개흙이나 일반 흙으로는 아름다운 도자기를 만들 수 없습니다.

『전등록』에 있는 남악회양 선사와 마조도일 선사의 대화입니다.

마조도일 스님이 숭산崇山의 전법원傳法院에서 밤낮없이 용맹정진하고 있었습니다. 남악회양 스님이 오랫동안 지켜보다가 훌륭한 법기法器임을 알고 하루는 마조 스님의 방문 앞에 가서 흙마루 돌에다 벽돌을 갈고 있습니다. 선정에 들기 위해 조용히 좌선하고 있던 마조 스님은 써걱써걱 하는 소리가 여간 거슬리지 않았습니다. 처음에는 참고 있었으나 노장 남악회양 선사의 행위가 예사롭지 않아 물었습니다.

"스님, 무얼 하고 계십니까?"

"보면 모르나? 벽돌을 갈고 있네!"

"벽돌은 갈아서 어디에 쓰시려고 합니까?"

"거울을 만들려고 하네!"

"벽돌을 간다고 거울이 되겠습니까?"

"그럼 그대는 앉아서 뭘 하는 건가?"

"부처가 되려고 합니다."

"벽돌을 간다고 해서 거울이 될 수 없듯이 좌선만 한다고 해서 부처를 이룰 수가 있겠는가?"

"그렇다면 어떻게 해야겠습니까?"

"예컨대 소가 수레를 끌고 가는데, 수레가 굴러가지 않는다면 수레를 때려야 하나? 소를 때려야 하나?"

"여우가거 거약불행 타거즉시 타우즉시女牛駕車 車若不行 打車卽是 打牛卽是라."

"그대는 앉아서 좌선을 익히는가? 아니면 부처님 흉내를 내는 건가? 만약 좌선을 익힌다면 선이란 앉고 눕는 데 있지 아니하고 앉아 있는 부처님을 닮고자 한다면 부처는 일정한 형상이 아닐세!"

마조도일 스님은 남악 스님의 가르침에 깨달아 뒷날 남악 스님의 수제자가 되었다고 합니다. 골프도, 그저 연습만 한다고 해서 연습한 것만큼 발전하는 것이 아니라 잘못 연습하면 악습만 계속해서 익히게 되므로 티칭 프로와 배우는 골퍼가 잘 만나야 합니다. 티칭 프로도 배우는 골퍼의 체형, 관심사나 흥미며 의욕, 능력 등을 파악하지 않고 일반 이론과 기능만을 그저 전수한다면 큰 효과를 거두지 못합니다. 전통적 교습은 주입식 교육이 되기 쉽고, 최신 교육방법이라고 하면서 제 몸에 맞는 자율적인 스윙을 가르치는 것도 기본기를 소홀히 할 수 있다는 지론입니다. 티칭 프로마다 다르게 가르치므로 어떤 방법이 정석이라고 할 수 없으며, 가르치는 티칭 프로와 배우는 골퍼도 좋은 인연으로 만나야 합니다.

수만 년 된 바람이
그물에 걸리지 않듯

나무는 나무대로 집은 집대로 저마다의 높낮이로 소담소담 꽃 피우듯 쌓인 설경을 보니 간밤에 바람 타지 않고 눈이 내렸고 그래서 추녀 끝 풍경도 울리지 않았나 봅니다. 하얗게 쌓인 설경을 바라만 보고 있어도 지순해지며 지난날을 참회하며 하얀 가슴으로 인생사를 다시 쓰고 싶어집니다. 절 앞의 잡목 숲은 설화가 피어 아름답지만, 울타리 나무 침엽수들은 감당하기 어려운 눈 무게에 눌려 꺾일 듯 굽어가는 모습이 안타깝습니다.

이따금 새들이 나뭇가지에 앉았다가 포르르 눈을 털며 날아가면 눈가루가 흩어질 뿐, 온 동네가 움직이지 않는 설경 사진 같습니다. 창밖을 내다보며 상념에 잠겨 있는데, 눈을 치우고 2

백 달러씩 받아가는 제설차가 오는 게 보였습니다. 2층 현관문 앞 마루의 눈을 절 마당으로 밀어 떨어뜨리는 일을 하고 방에 들어온 지 30분도 채 안 되었는데 창밖으로 바람이 일기 시작하여 지붕과 나뭇가지에 쌓인 눈이 흩날렸습니다.

누구의 마음이 흔들려 바람이 되었는지, 보이지도 잡히지도 않는 바람은 천만년을 살아도 늙지도 아니한 채 떠돌이 넋이 되어 수시로 나타납니다. 이 차갑고 거친 바람은 어디에서 불어오는지, 허공 뚫리는 소리가 점점 커지면서 하늘이 더 암울해지는 것을 보니 설한풍으로 돌변할 기세입니다. 바람에 의해 리듬을 타고 바깥 경계에서 내면의 세계로 넘나들며 여과되는 그 떨림은, 속 빈 풍경처럼 비어 있을수록 더 청량하게 감지되는가 봅니다.

안팎이 없는 그 끝없는 쪽으로 소리 따라 응시해보면 늘 보고 있으면서도 보이지 않던 것이 보이고, 가까이에서 듣고 있었지만 듣지 못했던 소리가 들립니다.

큰 나무나 작은 나무나 바람에 흔들리며 살아가듯, 누구나 정도의 차이가 있을 뿐 바깥바람에도 흔들리고 가슴에서 이는 바람에도 흔들리며 살아가고 있습니다. 하루에도 크고 작은 일로 동요되고, 마음 따라 몸 가고, 몸 따라 마음 가며, 왔다 갔다 하는 생각은 바람만큼 자유롭습니다. 그 바람에 마음이 한쪽으로 치우치기도 하고, 부딪치기도 하며, 아예 꺾여버릴 때도 있지만 새로운 싹을 틔우고, 아름다운 꽃을 피우며, 알찬 열매를 맺게도 합니다. 쉬지 않고 불어가는 바람 속에서 몸소 겪어온 저마다의 체험으로 서로 각각 다르게 판단하여 받아들이기도 하고 대응도 하며, 역풍을 순풍으로 되돌리기도 합니다. 지혜롭게 받아들이면 순풍이 되어 꽃밭처럼 가슴 밭이 아름답게 가꾸어질 것이며, 어리석게 받아들이면 더 거칠어지고 황폐한 가슴 쪽으로 휘몰아쳐 갈 것입니다.

높은 나무일수록 바람을 더 세차게 받는다고 하듯이, 사람도 나이테가 많은 나무처럼 주름살이 많아지면 세월을 못 이기고 점차 병으로 시달리며 살게 된다고 합니다. 석양이 되면 모든 형상의 윤곽이 희미해지고 음영이 짙어지듯이, 지나온 날들의 흔적은 흐려지면서 삶에 대한 잔광도 점차 이울어짐이 누구에게나 옵니다. 나이가 들수록 쉽게 해왔던 일도 힘겹고, 하기가 싫어 마냥 미루며, 동작 또한 굼뜨므로 어쩔 수 없이 받아들일 수밖에 없지만, 그럴수록 움직여야 합니다.

탁해진 방 안 공기를 바꾸기 위해 창문을 열고 새로운 바람을 불러들이듯, 자아란 테두리 안에 갇혀 있는 관념을 새로운 생각으로 자주 여닫게 합니다. 계절의 변화가 그때마다 무상의 세계를 실감케 하고 새로운 각성으로 좋은 기회를 주도적으로 찾게 하며 방심한 마음을 다시금 챙기게도 합니다. 사람마다 성격이 가지각색이듯 체질도 각각 다르므로 운동도 그에 맞게 하며 의학상식 역시 각자에게 맞춰야 건강을 지킬 수 있습니다.

주위 환경에 무심하면 그날이 그날 같지만 조금만 관심을 가져도 변화의 의미를 여실하게 보여주는 계절이며 건강 또한 계절과 무관하지 않습니다. 자연의 소리도 한 음정 낮게 들으면 바람 소리도 속삭임이 되고 이따금 감흥으로 되살아나며 상상력을 일깨워줄 때도 있습니다. 골프에서 맞바람이 불 때와 뒷바람이 불 때와 측면에서 바람이 불 때, 바람의 측정을 잘해 각각 다른 샷을 쳐야 하듯, 주위 사람의 입 바람도 순풍으로 받아들여야 합니다.

몸이 아프면 정신도 그 아픈 몸에 갇히므로, 건강이 곧 자유요, 음식은 돈으로 살 수 있지만, 식욕은 살 수 없으며, 약도 돈으로 살 수 있지만, 건강은 살 수 없습니다. 어떤 운동을 하면 되고 어떤 운동은 하면 안 된다는 생각에서 벗어나야 하고, 건강을 위한 운동이라면 바람처럼 자유롭게 받아들여야겠습니다.

> 소리에 놀라지 않는 사자와 같이
> 그물에 걸리지 않는 바람과 같이
> 흙탕물에 더럽히지 않는 연꽃과 같이
> 무소의 뿔처럼 혼자서 가라.
> －『남전대장경南傳大藏經』「시경詩經」

자신만의 쉼터

 투우를 보기 위해 헤밍웨이도 투우장을 즐겨 찾았다고 합니다. 그런데 그는 어느 날 스페인어 '퀘렌시아Querencia'의 뜻을 알게 되었다고 합니다. 투우를 하는 동안 투우사와 싸우다 지친 소가 가장 안전하게 가쁜 숨을 돌릴 수 있는 곳이 어디인지 알게 되는데, 그곳을 퀘렌시아라고 한답니다. 처음부터 정해져 있는 곳이 아니라 소가 싸우면서 찾게 되는 곳으로, 소만 아는 피난처요 순간의 쉼터를 뜻합니다.
 투우사가 이기려면 소가 그곳으로 가지 못하도록 막아야 하며, 그곳에 간 소는 더욱더 강해져 쓰러뜨리기 어렵다고 헤밍웨이는 말했습니다.

생각해보건대, 국가도 가까운 이웃 나라가 적이고, 개인적으로도 경쟁자와 싸워야 하고, 일과 싸워야 하며, 돈과 싸워야 하고, 질병 등 싸우는 상대가 모두 가까이 있습니다. 그중에서도 제일 무서운 적이 자신의 게으름이요, 어리석음이며, 상대의 마음을 헤아리지 못하는 자만심 같은 것이라고 봅니다.

사람들에게 보금자리가 있듯이, 새들도 알을 낳고 새끼를 보호하기 위해 안전한 곳에 둥지를 짓고, 곤충도 천적을 피하는 나뭇잎 뒷면이 있으며, 쥐들도 쥐구멍이 있습니다. 누구나 안전하고 편안하며 자유로운 영역, 즉 쉼터, 피로 회복의 휴식처가 있으며 그곳이 곧 집이요 자기 방이며 절에 법당 같은 정신적인 공간입니다.

아름다운 악보에 작곡가가 쉼표를 찍듯 우리의 삶에도 쉼표가 필요하며, 매일 일과 싸우며 살아도 쿼렌시아 같은 공간과 시간이 필요합니다.

그런가 하면, 그 반대로 좁은 공간 안에서 같은 생활을 반복하다 보면 나태해지거나 무기력해지고 회의적일 때가 있으며 당연함에 갇히게 되면 발전이 없습니다. 어떤 일을 체념하고 받아들이면 일이 쉽게 해결되지만, 틀에 박힌 삶 속에서 언어나 행위가 습관이 되면, 습관이 성격을 바꾼다고 합니다. 권태로울 땐 그 장소를 벗어나 향상의 계기를 위해 건강 예방약이요, 치료약이며 회복 영양제인 여행을 훌쩍 떠나야 합니다.

때로 여행지를 찾아 감탄할 때도 있고, 알려진 명성에 비해 기대치에 못 미쳐 실망할 때도 있는가 하면 관광과는 전혀 다른 자기성찰의 계기가 될 때도 있습니다. 목적지가 부여하는 의미는 무엇이며 자신이 보고 느끼고자 하는 정신세계는 어떤 것인지…… 그 여행이 곧 새로움의 발견이고 자아실현의 과정이 되기도 합니다. 이해는 지식이 아니라 지식을 바탕으로 한 체험을 통해서 터득하므로 소문이나 광고를 참고하되 자신의 안목으로 재조명해서 보아야 할 것입니다.

어떤 것을 좋아하고 무엇을 위해 살며 어떻게 살고 있는가를 스스로 물으면, '이렇게 사는 것이 내 인생은 아닌데' 하면서도 그 굴레에서 벗어나지 못하고 삽니다. 그렇게 살아가고 있다면 좀 더 다른 생각으로 새로워져야 하기에 여행을 통해 다른 사람들은 자연과 어떻게 관계되어 있고 그 환경에서 어떻게 살고 있는지를 배워야 합니다. 집을 떠나 멀리 갈수록 생활환경이 다른 삶의 모습을 보게 되고, 그리하여 나를 비교해보는 시각으로 가다보면 여행 과정에 기쁨과 설렘이 있습니다.

여행을 떠나 목적지로 가는 과정에서 계속 호기심이 들어 궁금할 때가 있으며 때로는 뜻하지 아니한 광경이 새로운 견문을 열어주기도 합니다. 긴 여정일수록 영적 체험을 하면서 자기 발견이 더 진지해집니다. 어디를 가든 관심이 없으면 겉모습만 보이지만, 좀 더 살펴보면 뒤뜰도 보이고 삶의 현장도 여실하게 나타납니다.

  일생을 살아가면서 감동적인 깨달음을 얻을 기회는 많지 않습니다. 행운처럼 부딪히는 배움의 계기는 빛이 되어 삶의 변화를 가져옵니다. 경험을 통해 무엇을 터득한다고 갑자기 더 행복해지거나 부자가 되거나 강해지는 것은 아닙니다. 세상을 더 깊이 이해하고 자기 자신과 더 평화롭고 자유롭게 지내게 됩니다.

  여행은 어디를 가야 할 일이 생겼을 때 떠나야지, 미루다보면 포기하게 되고 막상 집을 떠나려 하면 남에게 부탁해야 할 일도 있고 준비해야 할 일들이 많습니다. 모든 것은 전체와 연결되어 있으므로 부분의 손실도 소홀히 할 수 없으며 거리와 기간이 길어질수록 삶의 현장과 집 관리가 어려워집니다. 여행은 갇혀 있는 생각들을 버리고 오기 위해 떠나야 합니다. 삶이 곧 긴 여행이요, 만남과 헤어짐의 연속입니다. 평소에 인생 여행을 잘하면 이어서 더 좋은 세계가 펼쳐집니다.

노년의 삶과 골프

스핑크스와 오이디푸스의 수수께끼는 모르는 이가 없을 정도로 유명합니다. 수수께끼의 답도 그리 어렵지 않은데 왜 유명한지 생각해보게 됩니다. 스핑크스는 원래 고대 오리엔트 신화에 나오는 상상의 동물로, 여인의 얼굴과 사자의 몸통, 독수리의 날개를 가진 알 수 없는 괴물입니다. 이 괴물은 테베 부근의 바위산에서 지나가는 사람에게 수수께끼를 내고, 그 사람이 수수께끼를 풀지 못하면 잡아먹었다고 합니다.

수수께끼는 이것이었습니다. '목소리는 같으나 아침에는 네 발로 걷고, 낮에는 두 발로 걷다가 저녁에는 세 발로 걷는 동물은 무엇인가?'

그 답은 '사람'입니다. 아침 점심 저녁을 인생의 세 주기로 나누어서, 어린아이일 때는 기어 다니므로 네 발이고, 성장하면 두 발로, 늙으면 지팡이에 의지해서 걸어 다니므로 세 발이라고 하였습니다. 수수께끼의 답은 쉽게 이해가 가지만, 그 의미를 깊이 헤아려볼수록 점점 더 풀기가 어려워집니다. 인간이란 어떤 존재인가? 어느 때가 나인가? 나의 운명은 어떤 것인가? 언제 가는지, 왜 가는지, 어디로 가는지도 모르면서 가고 있습니다.

두 번째 수수께끼는, '처음에는 크게 생겨나서 자랄수록 작아지다가 나중에는 다시 커지는 것이 무엇인가?'였습니다.

그 답은 '그림자'입니다. 태양은 동녘에서 떠오를 때와 중천에 떠 있을 때 그리고 기울수록 빛의 각도에 의해 그림자의 길이가 달라집니다. 어렸을 때는 부모의 그늘 속에서 자라며, 노인이 되면 병고와 외로움, 두려움의 그림자가 자꾸 길어집니다. 지금 자신은 그림자가 짧아지는 나이인가요? 길어지는 나이인가요? 얼마나 기울어졌으며 어느 정도 어두워졌나요? 머지않아 그 그림자마저 어둠에 덮이고 마는 마감을 수시로 생각해보게 하는 수수께끼입니다.

세 번째 수수께끼입니다. '남매가 있는데 남자가 여자를 낳고, 여자가 남자를 낳으며 서로 뒤바뀐다. 이 둘은 누구인가?'

그 답은 '낮과 밤'입니다. 스핑크스의 수수께끼는 근본적으로 인간의 외형을 통해 인간이란 무엇인가를 물었습니다. 인간의 삶 그 자체가 수수께끼라는 것입니다.

『불설비유경佛設譬喩經』의 「안수정등岸樹井藤」에서는 우리의 생명선을 갉아먹는 낮과 밤을 흰 쥐와 검은 쥐에 비유했습니다. 안수정등의 수수께끼를 거의 다 알고 있지만, 그 해답을 명쾌하게 푼 분도 없고 그렇게 절박하게 생각하며 해답을 풀고자 하는 분도 많지 않은 줄로 알고 있습니다.

지팡이를 짚고 다니는 나이에 가까울수록 이런 수수께끼를 더 생각하게 되고, 노인들에게는 무엇보다 삶의 보람과 건강 유지가 풀기 어려운 숙제이지 싶습니다. 나이가 많아질수록 극렬한 운동을 할 수 없으니 은퇴자들이 골프에 많은 관심을 가지게 되고, 골프를 근력 및 지구력 증진 운동으로 선호합니다. 골프를 친다고 단시일 내에 건강이 좋아지진 않지만, 신체균형과 심리적인 측면에서 운동을 하지 않는 사람보다 더 건강하며 자신감이 앞선다는 연구 결과가 발표되었습니다.

미국은 동네마다 퍼블릭 골프장이 있으며, 노인들에게 저렴한 가격으로 회원권을 제공하고 어느 때나 골프장에 나가서 칠 수 있도록 제도가 잘 되어 있습니다. 혼자 가서 모르는 사람과 함께 치기도 하고, 같이 칠 사람이 없으면 혼자서 치기도 하며, 오전에 나가서 치고 오후에 또 나가도 회원권 사용이 허용됩니다. 미국은 캐디가 없고, 카트를 타는 사람이 있긴 하지만, 카트를 타지 않고 골프 가방을 개인 카트에 싣고 밀거나 끌면서 걷는 노인도 많습니다.

　잔디밭에서 걷는 거리는 6~8킬로미터쯤 되며, 소요시간은 네 시간 정도가 기준이므로 매일 그 정도쯤 걸으며 운동하다 보면 건강이 지켜진다고 긍정적으로 생각합니다. 미국은 골프가 어느 특정 계층의 운동이 아니라 대중운동입니다. 우리나라도 최근 통계를 보면 골프 인구가 계속 늘어나며 대중화되고 있습니다. 이제 돈과 시간이 많은 사람만 골프를 치는 시대는 지난 것 같습니다.

맑은 마음에
자기를 비추기를

내 몸이 내 몸이면서도 내 몸이 아니고, 내 마음이 내 마음이면서 내 마음이 아닙니다. 내 몸이라면 내 말을 들어야 할 텐데 내 말을 안 듣고 내 마음 역시 내 마음대로 안 되고 마음고생을 시킵니다. 그렇다고 다른 사람 몸인가 하면 내 몸이고 내 마음 또한 다른 사람 마음 아닌 내 마음입니다.

배고프다면 먹어주고, 피곤하다면 쉬어주고, 졸린다면 자주고, 더럽다면 씻어주고, 춥다면 따뜻하게 해주고, 덥다면 시원하게 해줍니다. 아프다면 약 주고 치료받고 맛있고 영양가 있는 것을 다 먹어주며 온갖 시중을 다 들어주어도 늙고 병들고 죽어갑니다. 몸도 마음도 함께 세월에 끌려가고 있으며 또한,

언젠가는 몸과 마음을 세월이 갈라놓습니다.

　몸과 마음이 갈라질 때까지는 건강관리를 잘해야 하고 마음을 잘 다스려야 합니다. 마음은 보이거나 들리거나 냄새든, 맛이든, 촉감이든, 의식이든, 순간마다 무언가를 인식하고 있습니다. 그런 마음은 이 생각에서 저 생각으로 이 걱정에서 저 걱정으로 계속해서 가누지 못하고 내닫는 산란심散亂心을 의미합니다.

　산란심을 가라앉히지 못하면 사물을 온전한 상태로 보지 못하고, 파도치는 물결에 비친 형상같이 흔들리고 굽이쳐 보게 됩니다. 인간은 대부분 산만하고 불안정한 망상을 일으켜 고뇌 속에서 살고 있으므로 그 많은 생각을 일념으로 집중하는 수련이 필요합니다.

　참선이나 기도는 인식을 더 밝고 순수한 알아차림으로 향하게 하며 집중하게 합니다. 화두를 통해 일념으로 집중하면 선정의 힘이 생기며 마침내 세상을 통찰할 수 있는 지혜가 밝아진다고 했습니다.

　한 젊은 스님이 노스님을 찾아가서 물었습니다.

　"어느 때는 정신이 맑아 지금까지 배웠던 것은 물론이요, 아직 배운 적이 없는 것도 쉽게 알 수 있습니다. 그런데 어느 때는 머릿속이 혼미해져서 평소에 잘 알고 있는 것도 떠오르지 않을 때가 있습니다. 왜 그럴까요?"

노스님이 답하셨습니다.

"여기에 물이 담긴 그릇이 있다고 가정합시다. 만일 그 물이 붉거나 푸르거나 노랗게 물들어 있다거나 흙탕물이나 폐수로 오염되어 있다고 생각해봅시다. 그 물에 자신의 모습을 비추어 보면 색깔대로 보이거나 잘 보이지 않듯이 마음이 욕심의 색깔로 물들어 있거나 오염되어 있다면 바로 보이지 않습니다. 또 그 물이 열을 받아 끓고 있다면 어떻게 되겠습니까? 역시 얼굴을 비춰볼 수가 없을 것입니다."

그와 같이 마음이 노여움에 휩싸여 있을 때는 사물을 있는 그대로 볼 수 없습니다. 수면에 이끼가 끼어 있고, 물풀로 가려져 있다면 얼굴이 비춰 보이지 않는 것처럼 마음이 부정적이거나 어리석음으로 가려져 있다면 사물을 있는 그대로 보는 것은 불가능합니다. 그 반대로 그 물이 흐려지지도 아니하고 끓고 있지도 아니하며 이끼나 풀로 가려 있지도 아니한 맑은 물이라면 자신의 모습을 그대로 비춰볼 수 있습니다. 사람의 마음도 탐욕에 흐려져 있지 아니하고, 노여움에 들끓지 않으며 어리석음에 가려져 있지 않다면 올바르게 볼 수 있습니다. 바람이 불기 시작하면 파도가 일고 물속이 뒤집히며 흙탕물이 되듯 잡다한 생각을 일으키면 마음이 산만해지고 복잡해지며 혼란해집니다.

골프를 할 때도 힘을 빼고, 공을 끝까지 보며, 머리를 들지 말고, 백스윙을 여유 있게 올렸다가 유연하게 공을 맞혀야 한다는 등 숙지사항을 떠올립니다. 그것들을 암기하면서 샷을 했는데도 공이 엉뚱한 곳으로 가는 것은 이론만큼 몸이 길들어 있지 않아 샷이 자연스럽게 따라주지 않아서입니다.

숨을 쉬면서도 쉬고 있는지 모르거나, 걸으면서도 걷는다는 자각 없이 걷듯, 잡념을 잠재우고 무심의 상태에서 스윙해야 합니다. 골프가 심리 게임임을 잊지 말아야겠습니다.

어디로, 왜 가는지 모르겠다면

하인이 여럿 있는 부잣집에, 마음씨는 착하나 좀 어리석다고 할까요? 아니면 천진하다고 할까요? 아무튼 그런 하인이 한 사람 있었답니다. 하루는 주인 영감님이 아침식사를 마치고 그 하인을 불러 일렀습니다.

"자네가 오늘 시장엘 좀 다녀와야겠네!"

"네! 영감마님."

주인 영감이 잠시 방에 들어가 사와야 할 물건 값을 대충 계산해서 돈을 가지고 나오니 하인이 보이지 않았습니다. 아무리 불러도 대답이 없고 찾아도 보이지 않자 다른 하인들에게 온 동네를 샅샅이 찾아보게 시켰습니다. 하지만 찾을 수 없었습니다.

식구들의 걱정 속에서 해가 설핏해서야 그 하인이 나타나더니만 "시장에 잘 다녀왔습니다"라고 말했습니다. 화가 난 주인 영감님은 그 하인에게 방으로 들어오라고 한 뒤 물었습니다.

"시장에는 왜 갔더냐?"

"영감마님께서 시장에 다녀오라고 하지 않으셨습니까?"

"시장에는 왜 다녀오라고 했는지 아느냐?"

"모릅니다."

"왜 가야 하는지도 모르고 시장에 다녀왔더란 말이더냐?"

"네!"

"회초리 어디에 있느냐?"

영감님은 정신이 바짝 들도록 하인의 종아리를 때렸다고 합니다.

그후 영감님이 병이 들어 몹시 앓게 되자 많은 사람들이 병문안을 왔습니다. 멀리에 사는 사람도 병문안을 다녀가는데 한 집에 사는 하인이 병문안을 하지 않는 것은 도리가 아닌 것 같아 그 하인은 허락도 받지 않고 주인 영감님 방에 불쑥 들어갔습니다.

"왜 그렇게 누워 계십니까?"

"갈 때가 된 것 같다."

"어디를 가시는데요?"

"나도 모른다."

"뭘 하러 가시는데요?"

"아! 모른다니까."

"어디를, 왜 가는지, 가는 곳도 모르고 가신다는 말씀입니까?"

그러면서 두리번거렸습니다.

병간호하는 가족이 무엇을 찾는지 묻자, "회초리 어디에 있습니까?" 하고 하인이 회초리를 찾더랍니다.

요즈음은 첨단 기계문명이 발달하여 목적지만 입력하면 내비게이션이 길 안내를 잘해줍니다. 가르쳐준 길로 가지 않고 실수를 해도 도인처럼 절대로 화를 내지 않고 다시 가는 길을 올바르게 가르쳐줍니다. 오른쪽으로 가르쳐주었는데 왼쪽으로 가더라도, 몇 번을 실수해도 계속해서 가르쳐주고 또 가르쳐줍니다. 큰길이나 골목길이나 차별하지 않고 우회전할지 좌회전할지 유턴해야 할지 미리 친절하게 가르쳐줍니다.

어느 누구를 막론하고 목적지인 죽음까지는 세월이 어김없이 데려다주는데 죽고 난 다음부터는 세월도 내비게이션도 안내를 하지 못합니다. 어제를 거울삼아 내일을 계획하며 오늘을 실답게 살아가면서도 왜 전생은 인정 안 하고, 내일을 기약하면서도 내생을 염려하지 않을까요? 그것은 전생을 기억하지 못하고 내생은 보이지 않으며 현실에 너무 집착하여 살고 있기 때문입니다.

저 역시 칠순이 넘도록 살 만큼 살았는데도 아직 어디로 가고 있는지, 무엇 하러 가는지, 언제 가는지도 모르고 세월에 끌려가고만 있습니다. 얼마를 더 끌고 가다가 버려질지 모르므로 스스로 회초리를 찾고 있으며 버려지는 그날까지 회초리를 맞으며 가야 할 것 같습니다.

잡목 숲의 나무들이 나뭇잎을 다 떨어뜨리고 가지를 회초리로 만들었고, 삭풍이 회초리를 동원하여 허공 속에 세월을 채찍질하니 노인들의 주름이 더 깊어만 갑니다. 세월이 덧없다는 것은 우리가 예측할 수 없는 삶을 살고 있기 때문입니다. 부자로 사는 것이 잘사는 것이 아니라 사는 날까지 건강하게 살다가는 것이 잘 사는 것이니, 겨울철 운동을 게을리하지 말라고 회초리 바람이 채찍질을 합니다.

스트레스를 이기는
선하고 아름다운 마음

1930년 캐나다의 한스 셀리에Hans Selye 박사는 스트레스 학설로 의학계에 큰 획을 그었습니다. 그런 그가 말년에 암에 걸렸다고 합니다. 그는 자신이 왜 암에 걸렸는지 그 원인을 곰곰이 생각해보았습니다. 그러다 '그래, 내 평생 스트레스 학설을 연구하느라 스트레스를 받았구나'라는 결론을 내렸습니다. 그 순간 그는 어떤 깨달음을 얻게 되었고, 병원 치료도 받지 않았는데 몇 년 뒤 암이 말끔히 사라졌답니다.

도대체 어떤 깨달음을 얻었을까요? 결론은 마음이 중요하다는 것입니다.

어떤 마음? 선하고 아름다운 마음을 갖는 것. 이것이 스트레스로부터 몸을 지키는 가장 좋은 방법이라고 했습니다.

누구나 좋아하는 취미가 있지만, 그중에서도 스트레스를 예방하고 해소할 수 있는 운동이라면 즐거움과 더불어 건강까지 지키니 더욱 좋겠습니다. 스포츠 중에서도 골프는 자기 나이에 맞게 할 수 있는 평생 운동이며 동반자들과 함께하지만 신체적인 접촉이 없으므로 상처를 입을 위험이 없습니다. 골프는 어깨, 허리의 강화와 비만 등 성인병 예방에도 좋고 자연 속에서 하는 운동이므로 심리적으로도 안정감을 주며 스트레스 해소에도 탁월한 효과가 있다고 합니다.

넓고 푸른 골프장 잔디밭에 나가면 가슴이 탁 트이고 잘 가꾸어진 화단이나 무성한 숲속에서 좋아하는 동반자와 골프를 함께한다는 것은 즐거운 일입니다.

실내에서 생활하는 시간이 많을수록 가까운 곳만 바라보게 되고 밖에 나가도 서로 마주치거나 길에 넘어지지 않기 위해 먼 곳보다는 단거리만 보게 됩니다. 가까운 곳만 오래 바라보면 수정체와 망막 사이가 비정상적으로 길게 유지되면서 시야는 점점 좁아지고 근시 현상이 심해진다고 합니다.

우리 눈의 망막은 간상체와 추상체라는 시각세포로 구성되어 있는데, 추상체는 망막에서도 수정체와 마주한 부분에 몰려 있지만, 간상체는 눈 전체에 퍼져 있다고 합니다. 해당 색깔의 빛을 받으면 각각의 세포는 전자를 방출시켜 신경계를 거쳐 대뇌로 보내기 때문에 색깔을 인식할 수 있다고 합니다.

　빨간색과 녹색, 노란색과 남색은 서로 보색 관계에 있으며 이들의 어울림을 보색대비補色對比라고 합니다. 의사가 수술할 때 빨간 피를 오래 보게 되므로 수술복이 빨강의 보색인 초록색이며, 수술복에 빨간 피가 묻어도 갈색으로 나타나 혐오감이 덜하다고 합니다. 색의 밝고 어두운 정도를 명도明度라고 하며 색이 밝으면 팽창하는 듯 보이고 색이 어두우면 축소해 보이는 듯한답니다.

　보색 배색의 긴장과 이완의 연속으로 즐거움도 얻게 되고, 녹색은 마음의 평온을 가져오고 근시 예방과 시야 확충에도 도움을 주는 색상이라고 합니다. 눈에 피로를 주는 컴퓨터, 스마트폰, TV 등의 전자기기를 늘 곁에 두고 생활하시는 분들은 초록색을 바라보면 눈을 보호하는 데 많은 도움이 된다고 했습니다.

　골프는 걷고 휘두르는 운동의 개념을 넘어서 심리 치료의 효과가 있으며, 자신의 감정을 느끼고 조절하는 여유와 긍정적인 치유를 위한 운동이라고 할 수 있습니다. 운동과 음식을 병행하여 병을 예방하고 건강을 유지하며 증강해가야 한다는 상식은 오랜 역사 속에서 전해오는 자연의학입니다. 음식으로 고칠 수 없는 병은 의술로도 못 고친다는 말이 있으며, 음식이 약이 되게 하고, 약이 음식이 되게 하라 했습니다. 음식을 골고루 먹어야 건강에 좋은 줄은 알고 있으나 맛이 없으면 안 먹게 되고 운동도 여러 가지가 있지만 재미없는 운동은 하지 않게 됩니다.

현대인에게 많은 스트레스와 불규칙한 식생활, 과로, 환경오염, 운동 부족 등 생활환경으로 인해 갈수록 성인병 환자는 늘어나고 있는 줄 알고 있으나 남의 일처럼 생각합니다. 적당한 운동은 스트레스를 해소해주고 식욕을 돋웁니다. 식욕은 건강을 지켜주고 건강해야 자유를 누릴 수 있으며 자유로움 속에 기쁨도 행복도 있습니다.

녹슬어 소멸하기보다
닳아 없어지기를

조지 화이트필드George Whitefield는 "나는 녹슬어 없어지기보다 닳아 없어지기를 원한다"라고 했습니다.

어느 채찍질보다 의미 있는 내용이라서 그런지 게으름을 피울 때마다 이 시가 먼저 떠오릅니다. 어떤 일이든 일에 열중하다 보면 전에 알았던 것보다 더 흥미를 느끼고 그 흥미가 상상력을 키워주며 올바르게 노력하면 그만큼 목적지를 향해 다가가게 합니다. 누구나 의욕을 잃지 않는다면 현실적으로 겪어온 경험을 바탕으로 일을 더 효율적으로 할 수 있으며, 꾸준히 쌓은 실적이 자물쇠를 열어주는 잠재력의 열쇠가 됩니다.

어느 누구도 노력 없이 저절로 좋아지거나 갑자기 이룬 예는 없습니다. 예부터 오늘에 이르기까지 남다른 원력과 지혜 없이 앞서간 사람은 없습니다. 부지런함[勤]은 가난을 이기고, 참음[忍]은 불행[禍]을 이기며, 삼감[愼]은 해로움[害]을 이기고, 윤리와 도덕[戒]은 재앙[災]을 이긴다 했습니다. 노력하여 성취감을 맛보면 그 뒤부터는 지속해서 하고 싶은 재미와 용기가 생기며, 가치 있는 것은 노력해야 얻을 수 있다는 진리를 터득하게 됩니다.

누가 강요한다면 억울하기도 하고 화도 나며 원망도 하겠지만, 스스로 좋아서 하는 일은 보람도 느끼고 창의적이며 미래의 삶을 더 값지게 하는 결과를 얻습니다. 타고난 재능이 있어도 노력하지 않으면 발전이 없고, 곧바로 한계에 이르며 평범한 사람도 끊임없이 노력하면 남보다 앞서갑니다. 가진 것은 도토리 하나만 해도 누구나 그것을 큰 도토리나무로 키우려고 합니다. 크게 성공한 사람일수록 그만큼 끈기 있게 노력한 사람입니다.

PGA 선수 가운데, 공이 벙커에 들어가면 제일 잘 빼내고 깃대에 제일 가까이 붙이는 선수로 최경주가 인정받고 있습니다. 그는 샌드웨지가 두 개 반이 닳도록 연습했다고 합니다. 아마추어는 평생 사용해도 닳아서 채를 버리는 일은 거의 없습니다. 새로 나온 채로 바꾸거나 더 비싼 채로 바꿀 뿐입니다. 최경주 선수는 고향인 전남 완도의 바닷가 모래사장에서 하루에 네 시간씩 벙커 샷 연습을 했다고 합니다. 그가 최고의 벙커 샷 기량을 펼치는 것도 연습량에서 기인한 것입니다.

최경주 선수는 열악한 환경에서도 하루에 4천여 개 이상씩 연습 공을 치면서 연습이 강해질수록 정신력도 강해진다고 했습니다. 그는 골프를 잘 치기 위한 정답은 바로 연습, 더 좋은 샷을 위해 해야 할 것은 오직 연습뿐이라고 강조합니다. 보통 아마추어 골퍼들이 하루에 골프공을 100~200개 정도 연습하는 반면, 프로들은 3,000~5,000개씩을 연습한다고 하니, 노력의 대가가 여실함을 증명합니다.

미국의 필 미켈슨Phil Mickelson 선수는 골프 대회가 끝나면 퍼팅 그린에 홀로 남아 100번 이상 더 연습하고 호텔로 간다고 합니다.

비제이 싱Vijay Singh에게 어떤 기자가 다가가 PGA 선수 중에 연습을 제일 많이 하는 이유를 묻자 "나보다도 더 열심히 하는 선수가 있다. 내가 아침 일찍 연습장에 나가면 먼저 와서 연습하고 있는 선수가 있으며 내가 끝나고 가도 그 선수는 그대로 하고 있더라." 했습니다. 그가 누구냐고 물으니 "최경주"라고 대답했다고 합니다.

1948년 US오픈에서 벤 호건Ben Hogan이 우승하던 날, 그는 기자회견도 마다하고 연습장으로 갔답니다. 친구가 "이 사람아, 자네는 지금 막 챔피언이 되었네!"라고 말하자 "아니야, 나는 오늘 고쳐야 할 문제점을 세 개나 알아냈네"라며 만류를 뿌리치고 연습에 매진했다고 합니다. 벤 호건은 "볼은 나의 모든 응답을 구체화한 것이다. 스윙은 나의 의지를 볼에 전달하는 수단에 불과하다"라고 했습니다. "하루 연습을 안 하면 내가 알고, 이틀을 쉬면 캐디가 알고, 사흘을 쉬면 갤러리가 안다"라는 유명한 명언은 벤 호건이 남긴 말입니다.

총알이 과녁을 찾아가는 것이 아니라 총 쏘는 사람이 과녁으로 보내듯이 골프도 공이 홀을 찾아가는 것이 아니라 퍼팅하는 골퍼가 홀에 넣는 것입니다. 작은 일부터 한 가지씩 실천해 나간다면 그것이 삶의 질서요, 의미가 부여된 삶의 가치이며 바로 자기를 잘 다스리는 삶일 것입니다.

골프의 정신세계는 인생사에 관계되고 적용됩니다. 노화는 활동이 굼뜨거나 밥값을 못할 때부터 나타나고, 낭비하는 시간으로 인생은 더 짧아진다 합니다. 계절과 더불어 옷차림은 달라지지만 속마음까지는 바꿔놓지 못하듯이, 달이 가고 해가 가도 의식이나 습관을 개선하지 않으면 달라지지 않습니다.

나이 든 노인일수록 단조로운 생활을 지속하는 것보다, 작은 변화라 해도 새로워지고자 하면 그 노력이 헛되지 않았으면 하는 바람입니다. 강물이 바람 부는 쪽으로 물결은 쳐도 흐르는 방향은 바뀌지 않듯이, 자기만의 철학은 바뀌지 않아도 건강을 위한 변화를 받아들이는 융통성이 있어야겠습니다.

마음 열기,
모든 움직임의 시작

고대 우파니샤드 사상가는 "보려고 하지 않는 사람보다 더 심각한 시각장애인은 없고, 들으려고 하지 않는 사람보다 더 심각한 청각장애인은 없다"라고 했습니다.

가을 잎은 곱게 물들어가고, 열매들이 여물어가며, 자연의 소리가 귀 언저리를 맴돌면서 보고 듣고 느끼게 하는 사색의 계절입니다. 관심이 없거나 딴생각을 하고 있으면 앞에 있어도 보이지 않고, 향기 안에 있으면서도 맡지 못하며, 온갖 계절의 소리를 듣고 있으면서도 들리지 않습니다.

기다리거나 기다리지 않아도 계절은 어김없이 찾아오고, 우리 집 울타리도 머지않아 단풍이 곱게 물들 터인데 굳이 단풍

구경을 가야 하느냐고 묻습니다. 찬연한 단풍 숲속에서도 감동이나 예찬을 모르고 피상적으로 살다 보면 가을은 속절없이 스쳐가고, 그렇게 노년에 이르면 삭막한 자기 내면의 뜰을 보게 될 것입니다.

인간은 젊은 시절 생활비 버는 법을 익힌다고 삶의 의미를 배우지 못하고, 노년의 가을에 이르러서야 자신을 돌아보게 되며 세상을 퇴색된 노안으로 바라봅니다. 잠시 가을 나들이를 떠나보면 자기 집착의 세계에서 짐짓 벗어나기도 하고 심경의 변화를 느끼기도 합니다. 들녘은 야생화 하나까지도 벌, 나비에게 아름다움과 향기 그리고 꿀을 베풀며 실속 있게 가을을 갈무리하는데 과연 나는 무엇을 하고 있는가 돌이켜보게 됩니다. 길들이고 나면 이제까지 나와 아무 관련이 없었던 대상도 관심이 생기며 그 세계가 의미 있게 다가옵니다.

우리나라에 테니스가 공식적으로 언급된 것은 1885년, 러시아 공관에서 '어전정구御前庭球' 경기가 열린 것이 계기라고 합니다. "저런 땀 흘리는 일은 하인들에게 시킬 일이지!" 하고 고종 황제는 냉담한 반응을 보였다는 기록이 있습니다. 구한말인 1897년에서 1900년 사이에 황실의 고문이자 원산만의 세관으로 들어온 영국인들이 세관 구내에 6홀 규모의 코스를 만들어 골프를 즐긴 것이 한국 골프 역사의 시초라고 합니다. 하지만 한국인이나 일본인의 출입은 엄격히 금지되었다고 하니,

우리 영토에 지어진 골프장에서 인종차별을 받은 셈입니다.

프랑스의 작가 미셸 투르니에가 산문집 『예찬Celebrations』에서 '볼바시옹volvation'이라는 말을 한 바 있습니다. 고슴도치는 조금만 위험이 닥쳐도 몸을 둥글게 움츠리는데, 그것이 싸우지 않고도 자기를 방어하고, 공격하지 않으면서 상처 입히는 법이랍니다. 그것이 고슴도치 식의 수동적인 방어법인 '볼바시옹'이며, 사람들과의 관계를 싫어하고 세상을 향한 마음을 닫는 반사적인 행동에도 이 표현을 쓰곤 합니다. 고슴도치처럼 방어할 줄도 알아야 하지만, 자기방어의 움츠림이 길어지면 자칫 발전이 필요한 일도 도사리다가 놓치게 됩니다. 두려울 땐 움츠렸다가도 새롭게 도전할 때 생의 의지를 갖고 기회를 주도적으로 만들어가면 향상의 세계가 열립니다.

변화하고자 하는 생각은 자기 스스로 깨워야 하고, 삶의 의미와 보람도 어떤 계기가 있어야 자기 자신에게 묻게 되는 것 같습니다. 학문에 관심이 있는 자는 학자가 되고, 예술에 관심이 있는 자는 예술인이 되고, 과학에 관심이 있는 자는 과학자가 되고, 운동에 관심이 있는 자는 운동선수가 됩니다.

건강을 위해 병원 치료를 받는 사람, 민간요법으로 치료하는 사람, 약을 위주로 하는 사람, 음식을 위주로 하는 사람, 운동을 위주로 하는 사람 등 다양합니다. 대부분 그 모든 방법을 다 따르고 있지만, 지혜로운 사람은 좋은 기회를 놓치지 않으므로 마침내 바탕에 깔린 관심 쪽으로 눈도 귀도 열리게 됩니다.

금을 캐는 광부들에겐 수많은 돌이 골칫덩이가 아니라 그 속에서 금을 찾을 수 있는 기회이듯, 자신이 원하는 길을 가치관으로 길들여가야 자아가 빛난다고 했습니다. 물방울에는 무지개의 자성이 없지만, 여러 요소가 조성되면, 즉 모든 인연이 어우러지면 무지개라는 현상이 나타납니다.

보스턴도 지난주, 그러니까 4월 15일부터 골프장을 9홀만 열었는데 금주 월요일에는 18홀 전체를 열었다가 어젯밤 눈으로 다시 닫았습니다. 이번 주는 밤낮의 기온 차도 크고 밤에는 영하의 기온으로 내려가니 다음 주나 되어야 정상적으로 골프장을 열게 될 것 같습니다. 사랑하고 있을 때 가장 상처받기 쉽다는 말이 있듯이, 봄을 좋아하다가 감기 걸리기에 십상인 변덕스러운 이곳 봄 날씨입니다.

중국 남송 때의 학자인 진량陳亮은 '동상이몽同床異夢'이란 말을 했습니다. '한자리에서 같이 자면서도 서로 다른 꿈을 꾼다'란 뜻입니다. 겉으로는 같이 행동하면서도 속으로는 각기 딴 생각을 하는 것을 비유적으로 이르는 뜻이겠습니다. 테이블마다 일고여덟 명씩 둘러앉아 묵묵히 연꽃잎만 말고 있는 팀도 있고, 어떤 테이블은 아이들의 학교와 교육에 관한 이야기를 나누고 있습니다. 그런가 하면 거사님끼리 모여 있는 테이블은 손으로는 연꽃잎을 말면서도 대화는 계속 골프 이야기를 이어가고 있습니다.

    자기를 기준으로 살아가니까 같으면서 다르고, 다르면서 같으며 그래서 차이가 있고 공통점도 있는가 봅니다.

노승과 하루살이

법당에서 사시마지를 올리고 방에 돌아오니 나방 한 마리가 창문을 뚫고 나가려는 듯 펄럭이고 있었습니다. 겨울인데도 따뜻한 방 온도와 유리문에 투영된 햇살로 착각을 했는지, 계절도 모르고 부화해서 나방으로 탈바꿈했나 봅니다. 방 안에 갇혀 있어도 살 수 없고 창문을 열어주어도 밤에는 영하의 날씨로 떨어져 살 수가 없습니다.

 나가고자 창문에 자꾸만 부딪히기에 혼자 중얼중얼 염불해주며 남은 생명과 자유를 위해 문을 열어주었습니다. 하루살이나 나방은 하루 만에 세상사를 다 깨달았는지 모르겠지만 수행자는 어디로 가고 있는지 모르면서 세월에 끌려가고 있습니다.

어떤 모습으로 계속 늙고 병들어가며 이 육신을 얼마나 더 끌고 가다가 버릴지 여생을 생각해봅니다.

이젠 헐거워진 나이가 되고 보니, 삶이 겉돌고 헛돌며 덜거덕거리고 있습니다. 별다른 변화 없이 반복되는 일상 속에서도 건강이 일정치 않고 듣고 말하는 의사 전달도 반음계씩은 서로 어긋나고 있는 것 같습니다. 아직은 병원이나 약을 모르고 사는데도 쉽게 지치고, 쉬고 있는데도 더 쉬고 싶으며, 비가 오려고 하면 여기저기 아플 때가 있습니다.

이쯤 되고 보니 존재가 곧 연명이요, 간장 빠진 국맛같이 사는 맛이 그렇습니다. 한 해가 저물어가고 있다며 아쉬워들 하기에 "젊은이들은 해마다 더 여물어가지만 우리 같은 노승은 인생이 다 가고 있다"라고 했더니 모두가 씁쓸하게 웃더이다.

1968년 즈음, 통도사 극락암에서 삼동결제를 하던 어느 보름날 삭발 목욕을 하고 원주실에서 쉬고 있는데 곁에서 몇몇 스님이 차를 마시고 있었습니다. 마침 조실 경봉 노스님께서 원주 스님을 찾으시다가 스님들이 차 마시는 걸 보시곤 스님께서도 방에 들어오셔서 차 한잔을 하시며 조주스님의 차 이야기를 해주셨습니다.

노스님께서 허리를 꼿꼿이 세우고 바르게 앉아 차를 마시기에 연세를 여쭈었더니 '전 삼삼 후 삼삼'이라 하셨습니다. 그 앞에서 아무리 머리를 굴려도 해답이 나오지 않기에 며칠을 선방 좌복에 앉아서 계산해보았습니다. 앞으로도 33이오, 뒤로도 33이니 33+33이면 66세? 아닌데? 그럼 33×33은 더더욱 아니고 그로부터 더하고 빼고 곱하고 나누며 수없이 계산을 해보았습니다. 정월보름 해제하고 떠나면서 경봉 노스님께 인사드리니 "너 내 몇 살인 줄 알았나?" 하고 물으셨습니다.

"전생에도 과거 현재 미래가 있었고, 금생에도 과거 현재 미래가 있으며, 내생에도 과거 현재 미래가 있으므로, 전 삼삼, 현 삼삼, 후 삼삼 아니겠습니까? 그러므로 현 삼삼이 없으면, 전 삼삼, 후 삼삼도 없는데, 왜 조실 스님께서는 전 삼삼 후 삼삼이라고 하셨습니까?"

그렇게 답변을 했더니 박장대소를 하시며 "밥값 한다고 애썼구나. 그게 아니다. 아직 멀었다. 더 열심히 해라." 하셨습니다.

지난여름 어느 날, 하루살이는 뜨는 해도 보았고 지는 해도 보았으며 세상사를 다 보았을 것입니다. 그날이 그날인데 뭐 더 볼 것 있겠느냐며 종족번식을 위해 알 낳고 다른 세상으로 떠났습니다.

허공을 하늘이라고도 하며, 하늘은 우리 모두의 희망이요, 누구나 가슴에 푸른 하늘을 담고 삽니다. 허공에는 해와 달 그리고 수많은 별이 떠돌고 있으며, 지구도 그 수많은 별 중의 하나로 떠돌고 있다 합니다. 천문학을 연구하는 과학자들은 아직은 지구라는 별에만 생명체가 존재한다고 밝혔습니다. 숨을 쉬며 살 수 있는 곳이 지구요, 지구가 곧 천국인데 하루살이의 영혼은 어느 별을 향해 날아갔는지 궁금합니다.

    연말이라 나잇값을 계산해보니 가진 것은 부끄러움뿐이며, 겨울 나방의 이야기처럼 골프이야기도 시기에 안 맞는 하루살이 날갯짓에 불과한 것만 같습니다.

삶을 바꾸어준 시

뉴욕 맨해튼 센트럴 파크에서 시각장애인이 구걸하고 있었습니다. 그는 "I am blind(나는 시각장애인입니다)"라고 쓴 안내문을 목에 건 채 배고픔과 추위에 몹시 떨고 있었습니다. 대부분 그 앞을 그냥 지나쳐갈 뿐, 빈 깡통에 동전을 넣어주는 사람은 거의 없었습니다.

어떤 관광객이 무심히 그 앞을 지나가다가 문득 발걸음을 멈추고 멀지 않은 곳에서 그 광경을 한동안 지켜보고 있었습니다. 그러다가 그 시각장애인에게 다가가 목에 걸려 있는 'I am blind'를 "Spring's coming soon. But I can't see it.(머지않아 봄이 오겠지요. 그러나 나는 그 봄을 볼 수 없습니다)"로 바꿔 써주고 떠났습니다.

　그때부터 시각장애인은 자기 앞을 무관심하게 지나쳐가던 발걸음들이 멈췄다가 가고, 앞에 놓인 깡통에 동전이 쌓이는 소리를 듣게 되었습니다. 누군가가 목에 건 안내문을 만지고 간 뒤부터였으므로 사람이 아닌 신神이 그에게 행운을 주고 갔다고 생각했습니다. 그를 도와준 사람은 프랑스의 시인 앙드레 브르통이었으며 동전 한 푼 주는 인정보다 삶을 바꾸어준 '시詩'를 주고 갔습니다.

　식물이나 동물이나 사람을 비롯하여 차별하지 않고 어느 누가 행운을 가져다주면 신도 그를 존경할 것입니다. 왜냐하면 신도 그 일을 못다 하고 있으며 신보다 더 현실적인 일을 하고 있기 때문입니다. 신은 너무나 멀리 있고 너무나 많은 사람이 부르고 있습니다.

　짧은 글이지만 시인 앙드레 브르통의 아름다운 한 문장으로 시각장애인의 삶이 달라졌으며, 그 글에도 사람의 마음을 움직이는 지혜의 힘이 있었다는 내용입니다.

100도까지 끓여야
물은 기체가 된다

물을 100도까지 끓이면 기체인 수증기로 변하는 원리는 누구나 다 잘 아는 상식입니다. 물이 끓을 때까지 아무리 열을 가해도 물의 온도만 높아질 뿐, 100도가 되기 전까지는 그대로 있습니다. 그러다가 100도가 되는 순간부터 그릇에 담긴 물이 끓으면서 수증기로 변하기 시작하고 기체가 되어 자유롭게 허공으로 날아오릅니다.

물을 50도까지 끓이다가 말고, 다시 70도까지 끓이다 말고, 이렇게 반복해서 99도까지 끓여도 수증기가 되지 않습니다. 100도까지 올라가도록 계속해서 끓여야지, 그전에는 물이 수증기로 변하지 않으며 양적인 것이 질적으로 변화를 하려면 그

만한 열이 필요합니다. 큰 가마솥에 물을 가득 붓고 촛불 하나로 물을 끓이려고 하면 아무리 오랜 시간이 걸려도 끓지 않습니다.

무슨 일이든 하다 말다 하거나 미지근하게 하면 발전이나 변화를 가져오기 어려우며, 어느 정도 궤도에 오르기까지는 실전을 익혀야 합니다. 운전을 배우다 말다 하면 평생 운전을 하지 못하며, 면허증을 취득할 때까지 꾸준히 배우며 익혀야 하고, 그러고 나서도 주행연습을 해야 합니다. 그렇게 2~3년 이상 운전을 하다보면 익숙해져서 불퇴전의 경지에 이르게 되며 운전대를 며칠이나 몇 달 동안 잡지 않는다 해도 곧바로 차를 몰고 갈 수 있습니다. 자동차 면허 취득과 주행 연습시간처럼, 골프도 필드 경험을 쌓아야 하는 운동입니다.

운전처럼 골프도 어느 정도 궤도에 오르기까진 실전을 익혀야 하며, 108타가 득점 기록 입문이라고 할 수 있습니다.

씨앗 하나도 저절로 이루어진 것 없이 숱한 성장 과정이 있으며, 어떤 것은 쭉정이뿐 실속이 없는 것도 적지 않습니다. 잘 마른 볍씨 하나에 들어 있는 수분은 얼마 되지 않으나 그 볍씨가 자라 쌀이 되기 위해서는 많은 양의 물이 필요합니다.

내가 먹은 것은 다 내가 되었고, 내가 아는 것도 나와 함께 하고 있으며, 빠를수록 좋은 것도 있지만 발효되는 시간이나 익어가는 시간이 중요한 것도 많습니다. 핑계를 잘 대는 사람은 거의 좋은 일을 하나도 해내지 못하고, 내일로 미루면 내일은 그 일을 더 하기 싫으며, 계산과 두려움 때문에 뒤로 미룬 날들은 놓친 날들입니다. 슬럼프란 말은 자신을 속이는 말이 되기 쉬우며, 정신적 육체적인 시련을 이겨내지 못하고 이래저래 게으름을 피우다 보면 나태로 이어집니다.

긍정적으로 볼 때 긍정적인 행위가 작용하고, 그러다 보면 자기만이 가지고 있는 긍정적인 생각이 잠재능력을 발휘하게 합니다. 자신의 재능을 믿으면 자신을 힘들게 하지 않을 것이며, 열정적으로 한 가지씩 터득해가면 곧 우뚝 설 수 있는 것이 골프입니다. 살아간다는 것은 현실의 문제에만 급급한 것이 아니라 삶의 의미를 찾아 새로운 세계를 향해 자신이 가는 길을 확신해야 하며, 그 길에 기쁨과 설렘이 있어야 합니다.

잔잔한 바다에서는 훌륭한 뱃사공이 나오지 않으며, 항해를 멈추지 않는 한 배는 피안의 세계에 이르게 됩니다. 경쟁사회에서 부딪치지 않고 살기 어려우며, 방어할 줄도 알아야 하지만 자기방어의 움츠림이 지나치면 자칫 발전적인 일에 담을 쌓게 되기 쉽습니다.

두려움으로 웅크리더라도 두려움을 떨치고 새롭게 도전하면 생의 의지를 가질 수 있고, 계속해서 기회를 만들어가면 향상의 세계가 열립니다. 묵묵히 노력하여 수많은 돌 속에서 금을 찾아내는 광부처럼 내가 원하는 길을 가치관으로 길들여가

노라면 자아가 빛을 발합니다.

  물이 불을 끄고, 불이 물을 말리기 때문에 서로 상극 관계지만, 태양과 빗속에서도 생명은 존재하고 있으며, 방어와 공격 속에서도 살아가고 있습니다.

  다양한 요소가 구성되면 자성이 없는 물방울이 무지개로 나타나듯이, 모든 인연이 잘 어우러지면 새로워지고 높이 상승할 수 있습니다.

마음의 때는 무엇으로 씻나

비누는 때를 씻어주는 역할을 하지만 비눗갑은 비누가 녹았다 말라붙곤 해서 깨끗하지 않았습니다. 사용하지 않는 헌 칫솔로 양치질하듯 닦아주었더니, 비눗갑도 칫솔도 깨끗해졌습니다. 비누는 겉에 묻은 때나 옷 속에 숨어 있는 때며 진한 얼룩까지도 다 찾아서 말끔히 씻어줍니다. 그러나 비눗물도 남아 있으면 때가 되므로 몇 차례 헹구어야 깨끗해집니다.

    진공청소기로 청소를 하고 나니 방은 깨끗해졌지만, 청소기의 먼지 주머니가 볼록했습니다. 온갖 잡스러운 쓰레기며 먼지까지 다 청소를 해주면서도 막상 자기 배 속은 청소 못 하는 청소기였습니다. 먼지 주머니를 갈아 끼우면서 잡다한 내 머릿속도 새것으로 바꾸어 끼울 수 있으면 좋겠다는 생각을 해봤습니다.

쓰레기를 담고 있으면 쓰레기 봉지요, 쓰레기 같은 생각들을 담고 살면 쓰레기 삶입니다. 샤워꼭지는 물을 수십 구멍으로 분산시키며 온몸을 골고루 씻어줍니다. 그러나 오래 사용하다 보니 물줄기가 약해져서 뜯어보니 물때가 잔뜩 끼어 있었습니다.

오랜 물때가 구멍들을 좁히기에 그것도 비누칠해 칫솔로 말끔히 닦아냈습니다. 샤워기도 사람 몸을 씻어주는 일을 하고 있지만 물때가 끼어 막상 자기 몸은 막혀가고 있었습니다. 우리 몸은 물과 비누로 깨끗하게 씻을 수 있지만 마음의 때는 무엇으로 씻어야 하나요? 얼룩진 생각들, 찌든 생각들, 기름진 생각들, 그 수많은 생각을 비누 거품처럼 씻어낼 수는 없을까요?

때 묻은 옷을 물과 비누로 씻다보면, 비눗방울이 수없이 피어오릅니다. 피어오르다 톡톡 터지며 무상을 상기시켜주기도 하고 향내 나는 비누는 생각도 향기로 떠올려줍니다. 수행자 역시 못다 헹구어낸 빨래같이 수행 냄새가 배어 있어 맑은 생각을 채웠다 비웠다 자조를 거듭하고 있습니다. 정화수를 올리고 촛불을 밝혀 큰절을 올리며 새벽마다 예불로 하루를 엽니다. 예나 이제나 염주알같이 관념들만 꿰고 헛생각을 계속 돌리며 가부좌를 이내 풀지 못하고 있습니다. 그러나 생각을 하지 않으려 해도 뇌가 살아 있으므로 잠시도 쉬지 않고 계속 생각을 합니다.

　쉬고자 해도 쉬지 않고 끊임없이 생각해내는 뇌를 긍정적이면서도 밝은 생각을 하도록 그렇게 길들여왔습니다. 누구나 직관적이고 감성적인 것을 더 좋아하므로 순간의 느낌으로 판단하고 결정한다 합니다. 새로운 생각보다는 일상생활 속에서 맴돌고 있으며 그래서 길들여온 업식을 벗어나기 어렵다고 했습니다.

　비누는 때를 씻어주지만 몸담은 비눗갑은 깨끗지 않듯이, 청정한 마음을 담고 있는 몸이 건강치 못해 고생하는 분도 적지 않습니다. 어떤 운동을 하면 되느니 안 되느니 분별하지 않고 자기에게 맞는 운동을 선택하여 꾸준히 하다보면 약봉지나 병원에 의존하지 않고도 괴로움에서 벗어날 수 있습니다.

　어두운 마음으로 살아가는 사람은 어둠의 세계에서 살고 있고, 밝은 마음으로 살아가는 사람은 밝은 세상에서 살고 있습니다. 같은 세상이지만 어떤 마음으로 어떻게 살아가느냐에 따라 자신뿐만 아니라 주위도 깨끗하고 아름다우며 밝은 혜택을 받게 됩니다.

초겨울 내의 한 벌이
한겨울 보약 한 재보다 더 낫다

어느 노스님이 '초겨울 내의 한 벌이 한겨울 보약 한 재보다 더 낫다'라고 하시며 감기에 대한 예방책을 말씀해주셨습니다. 감기로 겨울을 시작하면 겨우내 고생하는 것은 물론이요 주위 사람까지 전염시키니, 대중을 위해서도 조심하라고 당부하시곤 하셨습니다. 그러면서 공부시간이 끝나면 법당에서 절을 하든지 청소하든지 아니면 산행을 하든지, 몸은 땀이 나게 부려먹고 마음은 편안하게 하라고 하셨습니다.

어제 날씨와 오늘 날씨가 별 차이는 없으나 그래도 다르고, 어제의 나와 오늘의 내가 같으면서도 또한 다릅니다. 자세히 보면 변하지 않는 것이 없고, 새롭지 않은 것이 없으며, 데면

데면 지나간 것도 새삼스러울 때가 있습니다. 살다보면 꿈같은 일이 일어나 입가에 웃음꽃이 피어날 때도 있지만 노력한 것만큼 성과가 없을 때도 있습니다.

이 세상에는 맞는 것도 있고 안 맞는 것도 있으며, 맞으면서도 안 맞고 안 맞으면서도 맞는 것도 있는데, 그중에서도 세 가지가 잘 맞지 않는다는 우스갯소리가 있습니다. 골퍼들은 거기에 골프가 잘 안 맞는다고 한 가지 더 붙여 네 가지라고 말합니다. 복권이 잘 안 맞고, 사주가 잘 안 맞으며, 일기예보가 잘 안 맞는다고 합니다.

방송에서 보스턴에 폭설이 온다고 경고를 반복해서 일기예보가 맞지 않기를 바랐으나 이번에는 적중하였고, 1월 26일 밤부터 기온이 내려가면서 새벽녘엔 영하 18도의 추위 속에서 설한풍이 휘몰아쳤습니다. 매사추세츠 주 정부에서 통행금지령을 내렸고 도로는 눈을 치우는 제설차 소리만 들릴 뿐, 모든 교통이 중단되었으며, 긴급한 경우에만 다니게 허용하였습니다.

2월 16일까지 보스턴에 약 243센티미터의 눈이 내렸다고 했는데, 18일과 22일을 전후해서 폭설이 또 내려 눈이 더 쌓였습니다. 주지사가 27일 밤 0시부터 통행금지령을 해제했지만, 눈은 그치지 않고 흩날렸으며, 28일 아침까지 70센티미터가 넘게 내렸습니다.

다섯 개 방송국 지방 채널이 모든 프로그램을 중단하고 4일간 날씨만 생중계했으며, 4만 6천여 명의 주민들이 정전 속에서 불편을 겪고 있다는 뉴스가 전해집니다. 전기에 의존하는 생활문화인데 전기가 끊어지면 혹독한 추위에 마른 빵만 먹어야 하고 TV나 컴퓨터 등 모든 전자제품의 가동이 정지되므로 암흑의 시간을 견뎌야 합니다. 설한풍이 성난 짐승처럼 울부짖는 소리로 4일 밤낮을 휘몰아쳤고, 그 뒤로도 하루걸러 눈이 내리곤 하여 열흘 동안 휴교를 했습니다.

눈을 맞고 선 소나무가 제 몸에 겨운 무게만큼 휘어지다가 각도에 의해 눈이 아래로 떨어지면서 어정쩡하게 일어서지만, 다시 눈이 쌓이고 있습니다. 가벼운 눈도 쌓이다보면 무게가 되고, 떨쳐버리지 못하면 마침내 감당하지 못하여 꺾이듯이, 우리가 살아가는 과정도 주위의 여건에 의해 꺾일 때가 있습니다. 상황에 따라 각각 달라지며 때로는 원하는 대로 되지 않아 그 상황에서는 어쩔 수 없이 그렇게 할 수밖에 없을 때도 있습니다. 눈의 무게에 소나무가 꺾이는 것은 하늘의 뜻이 아니요, 눈의 뜻도 아니며 눈송이의 무게를 못 이겨 일어난 눈사태일 뿐입니다.

쌓여가는 세월에 등이 꺾인 노승이라서인지, 따뜻한 플로리다 보현사에 내려가서 법문도 해주고 골프도 치며 건강을 관리하라고 주변에서 계속 권유합니다.

1990년도 초반에 보스턴에 문수사를 창건하고, 2년 뒤 마이애미 부근에 보현사를 창건했습니다. 보스턴은 눈이 펑펑 쏟아지는 한겨울인데도 비행기로 세 시간 남짓 남쪽으로 내려가면 플로리다 마이애미에서는 골프를 치고 해수욕도 하니 미국이 얼마나 큰 나라입니까. 노승도 건강을 핑계로 겨울철이면 보현사에서 법회를 봐주며 운동을 하곤 합니다.

명나라 때 회산晦山 스님이 쓴 「선문단련설禪門鍛鍊說」에는 다음과 같은 내용이 나옵니다. 눈이 내리면 수행하는 스님들은 다 좋아하지만 좋아하는 의미가 다르며, 스님들이 크게 세 가지 부류로 나뉜다 했습니다.

첫째 스님은 선실禪院에서 좌선을 하고, 둘째 스님은 먹을 갈아 붓을 들어 시詩를 짓는다고 했습니다. 셋째 스님은 화롯가에 앉아서 밤이나 고구마를 구워 먹는데 군밤이나 군고구마를 먹는 것이 허물이 아니라 마음 닦는 일은 등한시하고 자연의 변화에 민감한 태도를 경책하노라 했습니다.

플로리다로 떠난 여행

하얀 눈 속에 묻힌 보스턴 공항은 영하 13도였는데 비행기로 세 시간 남짓 날아 남쪽 플로리다로 오니 한낮 기온이 섭씨 27도를 웃돌고 있었습니다. 같은 미국인데도 보스턴과 플로리다의 기온 차이가 엄청납니다. 플로리다 보현사는 마이애미 공항에서 자동차로 45분 거리요, 포트 로더데일 공항에서는 25분 거리에 있습니다. 겨울에서 갑자기 여름으로, 눈 덮인 잡목 숲에서 야자수 풍경으로 바뀝니다.

 마중 나온 보현사 스님의 첫 인사말은 "한겨울 옷을 그대로 입고 오셨군요"였습니다. 보현사에 도착하자마자 옷부터 여름 옷으로 갈아입었는데도 땀이 계속 나기 시작했으며, 몸에 냉기가 빠지는 것 같아 기분이 좋았습니다.

"저녁은 어디가 좋겠습니까?" 하고 묻기에 오천석 박사가 쓴 『노란 손수건』에 나오는 포트 로더데일 해변으로 가자고 했습니다. 그곳은 관광지라 혼자 가는 것보다 같이 가면 더욱 좋은 곳이라서 안내를 받았습니다. 바닷가는 대부분 부자 동네인지라 조경을 잘한 큰 집들이 많고 전망도 좋고 바다와 연결되는 강줄기도 아름다웠습니다.

식당가에는 바다를 즐기는 사람들이 무척 많았으며, 그들은 대부분 추운 지방인 캐나다와 미 동북부에서 온 사람들이라고 했습니다.

식당에서 바다를 향해 앉아 있으니 닫힌 겨울 가슴이 활짝 열리면서 파도 바람이 시원하게 파고들었습니다. 검푸른 물색, 출렁이는 파도, 곡선으로 펼쳐진 백사장, 펄럭이는 야자수 잎들, 모두가 율동감 있고 열정적이었습니다. 가보지 않은 곳에 가서 새로운 것을 만나는 신비로움이 여행의 묘미이지만, 겨울로 가면 갈수록 더 가고 싶고 잘 왔다는 생각이 드는 곳이 플로리다입니다.

여행은 약봉지 속에 없는 건강 예방약이요 치료약이며 영양제라는 말이 있습니다. 반복되는 좁은 공간 속 생활로 나태해지고 무기력해지며 회의적인 언어나 행위가 습관이 되고 습관이 성격을 형성하며 성격이 운명을 바꾸어간다고 합니다. 어떤 일을 체념하고 받아들이면 일이 쉽게 해결되지만 당연함에 갇히면 바뀌거나 발전이 없습니다. 가끔은 성장의 계기를 마련하기 위해 훌쩍 여행을 떠나고 싶지만, 현실에 붙잡혀 하루하루 미루다보면 포기하게 됩니다.

모든 것은 전체와 연결되어 있으므로 부분의 손실도 소홀히 할 수 없으므로, 막상 집을 떠나려 하면 남에게 부탁해야 할 일도 있고 준비해야 할 일들이 많습니다. 여행을 떠나보면 다른 문화와 비교해 자신의 인식이 바뀌기도 하고 변화를 가져오기도 합니다.

좋은 날씨나 궂은 날씨나 오래가지 않듯이, 영원한 것은 없고 좋고 싫은 것도 뒤바뀌니, 하고자 하는 일을 하도록 여행은 의미를 부여합니다. 삶이 곧 긴 여행이요 만남과 헤어짐의 연속이며, 무엇을 가져오고자가 아니라 갇혀 있는 생각들을 버리고 오기 위해 여행을 떠납니다.

보스턴에서는 추워서 방 밖을 못 나가고 있다가 플로리다에 내려와 여름 바닷바람을 마주하니 미국이 큰 나라임을 실감하게 됩니다. 겨울에는 플로리다가 지상낙원이라는 것을 다시금 느끼며, 바람에 오르내리는 파도 소리가 협주곡으로 환영해주는 것 같았습니다. 새로운 환경과 자연에 쉽게 동화되며 갇혀 있던 생각도 자유로워진 느낌입니다.

이곳 플로리다 보현사도 20년 전에 제가 창건한 절이요, 겨울철이면 내려와서 법회도 봐주고 쉬었다 올라갑니다. 잔디밭 운동(골프)을 좋아하다보니 이곳 신도님들이 내려올 때마다 서로 돌아가면서 대접해주시는데 금년도 일정표를 미리 짜놓았다고 합니다. 별다른 일 없으면, 겨울을 피해 지상낙원 같은 이곳에서 2주가량 머물다 보스턴으로 돌아갈 계획입니다.

호숫가에서

 넓은 창가에 앉아 호수를 바라보고 있으니 마음이 잔잔해지고 맑아지며 평화로워지는 느낌입니다. 바람 따라 흘러가던 구름이 흩어지면서 호수는 슬며시 눈을 뜨고 햇빛을 받아 은빛 여울로 반짝이고 있습니다. 물이 흐르지 않는 호수인데도 바람이 불면 찰랑찰랑 물결이 일며 흘러가는 강줄기같이 호숫가에 부딪히며 물소리가 살아납니다.
 생동감 있게 출렁이는 물무늬를 보고 있노라면 마음도 유연해지고 생각도 푸르게 흘러갑니다. 바람이 없는 날은 고요히 가라앉은 물속이 투명하게 보이고 호수 주변의 풍경이 물속에 비춰 풍경이 더 아름답습니다. 언덕에는 각종 야자수와 열대식

물인 원시림이 있고 나뭇가지에는 새들이 쉬었다 날곤 합니다.

호수에는 텃새들이 서식하고 있습니다. 겨울에도 철새들 수십 종이 무리를 지어 날아오는 곳이라고 합니다. 새들이 밤에는 어디에서 자는지 석양이면 날아갔다가 아침 여명이 밝는 시간에 빛의 무리가 되어 날아옵니다. 낮과 밤의 기온차로 아침에는 물안개가 피어오르고 태양이 떠오르면 선경 같은 물안개가 서서히 사라집니다. 그때부터 새들도 먹이를 찾아 활동하기 시작하며 호수 전체가 한눈에 들어옵니다.

밖에서 호수를 보면 평화롭고 자유로우며 아름답지만, 물속에 사는 물고기들에게는 전쟁터나 다름없습니다. 큰 고기에게 잡아 먹히지 않기 위해 작은 고기일수록 물풀이나 은신처에 교묘하게 숨어 살고 있습니다. 약육강식 그대로 작은 고기는 큰 고기에게 잡아먹히지 않기 위해 숨고 쫓기면서도 작은 고기는 작은 고기대로 먹이를 찾아야 합니다. 큰 고기의 천적인 매와 작은 독수리가 허공에서 맴돌다가 순간 급강하해서 낚아채가는 모습도 이따금 볼 수 있습니다. 악어가 물살을 가르며 지나가기도 하고, 잔디밭에서 일광욕도 하는데 그 덩치 큰 악어가 뭘 먹고 배를 채우는지 궁금합니다.

호수에서 물고기를 사냥하는 새 중에는 잠수하는 가마우지가 제일 잘 잡고 또한 먹보였습니다. 가마우지 한두 마리씩 물고기를 잡는 모습이 보이기도 하지만, 어느 땐 스무 마리 이상

떼를 지어 고기를 몰아가며 잡기도 합니다. 그럴 때는 고기들이 물가 물풀 속으로 도망을 치고 그때를 기회로 물가의 왜가리나 백로가 긴 부리, 긴 목, 긴 다리를 이용해서 또 날쌔게 낚아챕니다.

　더운 지방이라서 그런지 대부분 새의 깃털이 하얗고 물갈퀴가 없는 새는 부리와 다리가 길며 목과 몸도 길었습니다. 가마우지는 생업이 잠수라서 잠수함같이 앞뒤로 몸이 길고 날렵하며, 공격을 위해 목도 부리도 날카롭고 깁니다. 물갈퀴가 있는 오리나 가마우지 등은 다리가 짧고 색깔은 주로 검은색이며 갈색입니다. 키 큰 왜가리가 호숫가에서 앞뒤로 고개 까닥까닥하며 징검징검 걸으며 먹이를 찾는 모습이 유별나게 눈에 띕니다. 그런가 하면 목을 뺀 채 한자리에서 꼼짝하지 않고 한곳만 응시하며 뭔가를 겨누고 있을 땐 무슨 일이 일어날 것만 같습니다. 한 마리 낚아채겠구나 싶어 지켜보고 있으면 싱겁게 끝나기가 일쑤였습니다. 그 자세 그대로 흐트러짐 없이 오랫동안 지속하다가 포기하고 다시 다른 동작으로 도전하는데도 쉽지 않은가 봅니다. 어쩌다가 한 마리 잽싸게 쪼아 잡기도 하지만 고기들도 직감적으로 은신을 잘하는지 쉽게 잡지 못합니다.

　물가에는 왜가리뿐만 아니라 백로, 두루미, 뜸부기, 따오기, 해오라기 등이 있고, 이들은 먹이를 잡기 위해 물가를 살피고 쪼아대며 계속 뒤집니다. 막상 물 위에 떠다니는 오리들은 고기를 잡지 않고 물속을 뒤집는 가마우지나 얕은 물가에서 기웃거리는 새들이 고기를 잡습니다. 필사적으로 쫓기고 숨으며 잡아먹히는 그 물속에서도 살아남은 물고기들은 그만큼씩 계속해서 종족을 번식하고 있나봅니다. 그러하기에 하루면 호수 속에 사는 물고기들이 다 잡아먹히고 씨가 마를 것 같은데 생태계는 한결같습니다.

전쟁터 같은 그곳에서도 생존을 유지하는 물고기나 굶지 않고 살아가는 새들의 세계가 신비롭기만 합니다. 그래서 고기가 눈을 감지 못하고 자면서도 눈을 뜨고 자고 그 업에 의해 죽어도 눈을 감지 못하나 봅니다. 이곳 호숫가의 새들은 천적도 없고 사람도 무서워하지 않으며 한가로이 노닐면서 먹이를 찾고 있습니다.

하얀 깃털에 분홍색 긴 부리를 가진 왜가릿과의 새가 여러 종류의 새 가운데 가장 많이 눈에 띕니다. 물가에서나 집 주변의 잔디밭에서도 땅속에 깊이 부리를 쪼아 박으며 뭔가를 자주 캐 먹는 장면이 보였습니다. 자세히 보니 지렁이나 땅속에 있는 곤충을 잡아먹고 있었습니다. 땅속은 안전한 줄 알았더니 그렇지 않나봅니다.

호수의 가장자리나 잔디밭을 아무리 확인해봐도 지렁이나 벌레가 들어 있는 집이나 흔적은 육안으론 도저히 찾을 수가 없었습니다. 어떻게 알고 찾아서 캐 먹는지 알 수 없습니다. 하루 동안 펼쳐지는 호수의 풍경이 이런데, 보이지 않는 물속에서의 생존은 또 얼마나 치열할지 알 수 없습니다.

 붉은 노을이 새털구름으로 날갯짓을 하는 석양이 펼쳐질 때면 그 많은 새가 어디로 갔는지 보이지 않습니다. 깡마른 외다리로 서 있던 해오라기도 뒤늦게 배고픔을 느껴 저린 발을 풀고 어딘가로 날아갑니다. 새들이 모두 떠난 초저녁 호수는 아쉬운 가슴으로 달빛을 안고 설핏 잠자리에 드는 듯 반쯤 어두워집니다.

 물밑에도 바닥이 있고 깊은 그늘과 기다림의 시간이 있으며 삶의 현장이 있었습니다. 호수에 비치는 생존의 그림자가 공격적이요 투쟁적인데도 왜 한가하고 평화로우며 아름답게 보이는지를 생각해 보게 합니다. 그것은 변화와 투쟁 속에서도 그대로 유지되고 있는 자연의 생태계가 인간에게 주는 교감이요 감동이 아니겠는가 하는 생각이 듭니다.

 플로리다는 올라갈 산도 없고 내려갈 골짜기도 없는 평지이며 한반도처럼 삼면이 바다입니다. 어쩌다 작은 동산이 보여서 그 동네 사람들에게 물어보면 쓰레기가 묻힌 곳이며, 쓰레기장을 잔디로 덮어 열대식물을 가꾸었다고 했습니다.

 플로리다 주 전체가 평지라서 땅을 3~4미터만 파도 물이 나오기 때문에 지하공사를 못 하며, 집을 지으려면 땅을 돋우어야 지을 수 있다고 합니다. 흙을 파올 곳이 없으므로 그 자리에서 땅을 파서 그 흙으로 돋우고 흙을 파낸 곳은 개천이나 인공호수를 만든답니다. 돋운 땅은 먼저 길을 내고 상가도 짓지만, 곳곳에 골프장을 만들어 골프장과 호수 주변에 주택을 지어 집 장사를 하는 지역적인 특성이 있습니다. 그래서 골프장도 많고 호수도 많으며 한 겨울에도 여름처럼 온도와 습도가 높아 꽃도 피고 야자수 등 열대식물이 무성합니다.

대부분 늪지대나 숲속에 골프장과 주택을 함께 조성하여 골프를 치러 나가면 사슴과 야생 칠면조를 자주 만납니다. 키 큰 빨간 머리 잿빛 두루미는 대여섯 마리씩 무리를 지어 다니며 사람과 마주쳐도 두려워하지도 않습니다. 오히려 120센티미터쯤 되는 키로 고개를 쳐들고 우쭐거립니다.

소나무도 많이 있지만, 한국 소나무와 비교하면 아주 왜소하고 껍질이 거칠며 솔잎은 세 배 이상 깁니다. 이렇게 더운데도 계절이 겨울이라 파리, 모기며 개구리 같은 파충류도 보기 어렵습니다. 겨울인데도 따뜻한 곳이라 여름 철새들이 날아온다고 하며, 정작 여름이면 너무 무더워서 철새들도 떠난다고 합니다.

봄을 맞아들이는 풍경

봄이면 이곳 문수사는 부처님오신날 준비를 위해 일요법회 때마다 신도님 모두가 연등에 연꽃잎을 붙이며 대화의 꽃을 피웁니다. 재치 있는 유머로 웃음을 주는 분도 있고, 웃음 띤 얼굴로 귀 기울여 듣는 분도 있어, 분위기가 참 좋습니다. 연등불과 연화장 세계가 연상되기도 하고 연등 만드는 표정들이 또 다른 보살상입니다.

 말없이 빠르게 연꽃잎만 마는 솜씨도 눈여겨 보이고, 기도하며 연꽃잎을 붙이는 눈빛들도 맑고 밝습니다. 우리가 사는 세상을 불국토로 가꾸어가는 신심이 곧 불제자의 평상심이요 원력입니다. 꽃은 어떤 꽃이나 아름답고 향기로워 벌 나비가 날아듭니다.

꽃향기는 보이지 않지만 가까이 가면 느낄 수 있듯이 향기로운 신심은 가까이 다가가게 합니다. 벌 나비가 수정을 해주며 꿀을 받아가듯, 불사를 도우며 스스로 불보살님의 가호를 받습니다.

어제는 비가 내리며 봄을 재촉하는가 싶더니 밤사이 기온이 내려가 아침 뜰에 눈이 제법 쌓여 있었습니다. 겨울의 잔영이 아직 자리를 내주지 않고 있어도 언 땅을 뚫고 생명의 새 촉이 솟구치고 있습니다. 날씨는 쌀쌀해도 한낮 봄볕에 초록 숨결이 다시 깨어나고 나무마다 어린 눈과 꽃봉오리가 쉼 없이 부풀어 오릅니다.

4월 중순까지 겨울과 봄이 밀고 밀리며, 봄비도 내리지만 눈발이 흩날릴 때도 있습니다. 벚꽃이 흩날리는지! 눈발이 벚꽃인지! 눈발은 마치 나비춤같이 날면서 이내 자취도 없이 녹아버리지만 꽃들은 냉해를 입습니다. 금년도 겨울이 그냥 가지 않고 어젯밤 눈보라로 싹과 꽃봉오리들을 시샘했습니다.

목련은 활짝 핀 꽃송이보다 손 모아 기도하는 것같이 보이는 봉오리가 더 예쁘고 희망적입니다. 겨울을 전송하는지 목련 꽃 봉오리 끝이 모두 북쪽을 향하고 있습니다. 여덟 꽃잎은 팔정도로 새롭게 시작하라는 의미 같습니다. 봄바람 따라 나뭇가지마다 함께 흔들리며 수액을 올리는 속도는 다르게 나타납니다.

요즘 이른 아침부터 짝을 찾는 새들의 목소리가 높아지고, 우리 동네 호수 길은 걷고 뛰는 사람들이 무척 많아졌습니다. 봄은 젊은 날에만 찾아오는 것이 아니라 나이에 상관없이 평등하게 찾아옵니다. 봄날이 온다고 해서 연세 드신 분들에게 특별히 뭐가 좋겠습니까마는, 봄이 오면 나들이할 수 있으니 기다려지나 봅니다.

매양 사는 날이 그날이 그날이요, 더 좋아지진 않아도 나빠지지 않기 위해 운동하고 싶어도 이곳은 겨우내 눈이 녹지 않아 골프장 문을 닫습니다. 겨울이 오래 이어져 춥고 눈도 많이 쌓이며 곧잘 빙판길이 되므로 여간 조심하지 않으면 넘어지기 십상입니다. 나이가 들수록 부러지거나 깨지면 쉽게 붙지 않습니다. 사는 날까지는 주위 사람들에게 피해를 덜 주어야 할 텐데, 하면서 노인들은 노인에게 맞는 운동과 음식 조절 및 수면으로 건강을 유지합니다.

골프 공과 선사

초판 1쇄 발행 2018년 6월 30일
초판 2쇄 발행 2018년 10월 30일

지 은 이. 도범스님
발 행 인. 이원행
편 집 인. 김용환

부문사장. 최승천
편   집. 서영주
디 자 인. 이선희
도 서 유 통. 조동규, 김영관, 김관영, 조용, 김지현
외부 스태프. 디자인 섬세한 곰

펴 낸 곳. 조계종출판사
　　　　　서울 종로구 삼봉로 81 두산위브파빌리온 230호
전   화. 02-720-6107~9　　팩   스. 02-733-6708
홈 페 이 지. www.jogyebook.com
출 판 등 록. 제2007-000078호(2007.04.27.)
구 입 문 의. 불교전문서점 02-2031-2070~1

ⓒ 도범, 2018
ISBN　　979-11-5580-108-6　03220

값 15,000원

- 　저작권자의 허락 없이 일부 또는 전부를 전재 또는 복제하는 것을 금합니다.
- 　조계종출판사의 수익금은 포교·교육 기금으로 활용됩니다.
- 　이 도서의 국립중앙도서관 출판예정도서목록(CIP)은 서지정보유통지원시스템 홈페이지 (seoji.nl.go.kr)와 국가자료공동목록시스템(www.nl.go.kr/kolisnet)에서 이용하실 수 있습니다.(CIP제어번호: CIP2018018398)